高校学生管理工作与校园文化建设研究

汪 莹 胡靖怡 著

陕西师范大学出版总社 西安

前　　言

　　高校学生管理工作与校园文化建设在培养学生成人成才的目的上具有一致性，这就使得两者之间存在良性的互动关系。以校园文化建设加强高校学生管理工作、以人性化的高校学生管理工作繁荣校园文化是本书的研究重点。

　　高校学生管理工作与校园文化建设之间存在天然的良性互动机制。校园文化建设不仅仅是高校素质教育、综合实力、校风学风等的一种展示，更是加强学生管理工作的有效路径。反之，高校学生管理工作目标的合理定位对于校园文化的繁荣发展具有重要意义。如何把建设有特色的校园文化和形成一套科学、规范、合理的学生管理体系统一起来，发挥其互动效能，是现代高校管理者应关注的课题。

　　全书共七章。第一章为绪论，主要阐述了高校学生管理工作的相关概念界定、高校校园文化的内涵与分类、高校学生管理工作的重要意义、高校学生管理工作与校园文化建设的关系等内容；第二章为高校学生管理工作现状，主要阐述了高校学生管理工作取得的成绩、高校学生管理工作存在的问题及原因等内容；第三章为高校学生管理工作理念与模式，主要阐述了高校学生管理工作的理念和高校学生管理工作的模式等内容；第四章为高校学生管理工作制度与队伍建设，主要阐述了高校学生管理工作的制度优化和高校学生管理工作队伍的建设等内容；第五章为高校校园文化的功能与价值，主要阐述了高校校园文化的功能和高校校园文化的价值等内容；第六章为高校校园文化建设的基本内容，主要阐述了高校校园精神文化建设、高校校园物质文化建设、高校校园制度文化建设、高校校园行为文化建设等内容；第七章为高校学生管理工作与校园文化建设的互动，主要阐述了以高校学生管理工作推动校园文化建设和以校园文化建设加强高校学生管理工作等内容。

在撰写本书的过程中，笔者借鉴了国内外很多相关的著作、期刊、论文等，在此对相关学者、专家表示诚挚的感谢。

由于笔者水平有限，书中有一些内容还有待进一步深入研究和论证，在此希望各位同行专家和读者朋友予以斧正。

目　　录

第一章　绪论

高校学生管理工作的开展与创新离不开校园文化建设，二者相辅相成。校园环境和校园氛围对学生的成长发展及思想文明建设都起着至关重要的作用。为了进一步发展与进步，高校需要深入研究学生管理工作与校园文化建设的相关理论，促使学生管理工作与校园文化建设高度融合。本章围绕高校学生管理工作的相关概念界定、高校校园文化的内涵与分类、高校学生管理工作的重要意义、高校学生管理工作与校园文化建设的关系展开研究。

第一节　高校学生管理工作的相关概念界定

随着我国高等教育的快速发展，各高校需要完善优化学生管理工作。下面将讨论管理、高校学生，以及高校学生管理工作的基本概念与特点等。

一、管理界定

在原始社会阶段，人类面临诸多生存和发展难题，这些问题很难独立解决。因此，为了获得更好的生存和发展机会，人类不得不聚集成群体。在此种情况下，管理作为一种客观存在，是人类众多活动中最重要的活动之一，其目的是协调团体以达成共同的目标。

卡尔·马克思指出，一切规模较大的直接社会劳动或共同劳动，都或多或少地需要指挥，以协调个人的活动，并执行生产总体的运动。这实际上指出了管理活动产生的必要性，这对于想要了解管理活动的人来说无疑是一把金钥匙。

现今，人类已经掌握了现代科技的密钥，对自然、社会文化等领域进行了丰富的研究，具备了一定的生存与发展能力。规划未来、统筹社会成员的活动、应对新的挑战已成为人类社会进步的必备条件，而这些活动的顺利进行离不开有效的管理。

美国认为其20世纪50年代后经济空前发展的原因有两个，其中之一就是有效的经营管理。另外，在日本，先进的生产技术和管理方法被视为经济发展的两个重要支柱，缺一不可。由此可以看出，要想获得竞争优势并实现可持续发展，必须注重培养高水平的管理和领导人才。

那么，究竟什么是管理呢？许多研究管理活动的学者都从不同的角度表明了自己对管理的理解。

科学管理之父弗雷德里克·泰勒认为，管理就是确切地知道你要别人去干什么，并使他用最好的方法去干。[①]

诺贝尔经济学奖获得者赫伯特·西蒙教授有一句名言：管理即制定决策。[②]

实际上，管理还有着比上述观点更加全面、复杂的内涵。

首先，当人们将管理视为一种活动时，其发生、发展和结束都在特定的组织、时间和空间环境下进行。管理可以看作一种不断变化的、具有动态性的过程。

其次，管理这种活动的发生是有目的的，即组织机构中管理者欲达成的目标，这一目标可以说是组织的预定目标。而且，管理的主体是组织机构中的管理者，其对象是组织系统中的各种资源。

最后，实现组织目标需要消耗资源。然而，现实世界的资源是有限的，且根据市场供需已标好价格。因此，实现组织目标就需要进行成本与收益的比较、投入与产出的衡量。

综上所述，管理可以被视为对一定系统内的人员、财务、物资等要素进行计划、组织、指挥、协调、控制等管理活动的过程，旨在实现系统目标。管理构成部分如下：①管理者，即具有一定管理职务和技能、能发挥管理职能的个人或集体；②管理对象是指管理活动涉及的被管理对象；③管理手段是指支撑管理活动实施的条件和方法。管理是一项活动，它通过有效整合有限资源，以动态和创造性的方式实现既定目标。

管理无论从深度还是广度上，皆有多种：大至国家管理，小至单位管理、部门管理；长远有战略管理，眼前有战术管理；总体有宏观管理，具体有微观管理。

二、高校学生界定

高校学生是指正在接受高等教育或已经接受过高等教育的人群，即大学生，

---

① 泰勒.科学管理原理［M］.朱碧云，译.北京：北京大学出版社，2013.
② 贾明德.决策制定过程中的"组织"与"理性"：读H·西蒙《管理行为》札记［J］.渭南师专学报，1995（4）：5.

包括正在学习或已经完成学业的人。高校学生是接收社会新技术、新思想的群体，也是国家培养的专业人才，年轻有活力、具有开拓性和创造力，是推动社会进步的主要力量。作为社会中的一个特殊群体，当代高校学生具有以下特点。

第一，关于大学生的生理特点，主要包括以下几个方面。

①体格迅速发育。人的身高与体重在生长发育过程中有两次高峰期。第一次高峰期是从出生到一岁左右，在此期间体重可增一倍，从 3 千克左右增至 6～7 千克；身高会从 50 厘米生长到 70～75 厘米，身高增加比例为身体的 50%。第二次生长高峰期为青春期，青春期之前，身高每年增长 3～6 厘米，而青春期，每年少则长 5～8 厘米，多则达到 10～13 厘米。相应地，体重每年可增加 3～6 千克。在高校，大学生仍处于青春期后期，身体仍在发育之中，仍呈现出旺盛的生机和朝气蓬勃的态势。随着身体的成长发育，男女大学生的体格呈现出明显的性别差异，这种差异美也展现了其身体的健康与美丽。

②大脑活动旺盛。青年时期是人智能高度发展时期，关于脑的重量，女子在 20 岁左右最重，男子在 20～24 岁之间最重，30 岁以后呈递减趋势。随着青春期大脑的神经纤维显著增加，神经系统的机能和形态将逐渐达到基本完善的状态，在此阶段，人们大脑抽象逻辑思维能力的提高十分显著，并且在进行判断、推理时越来越善于运用概念。他们的观察力、概括力、想象力、独立思考能力都因此而大幅度提高；他们对于自然界、社会现象和人的思想行为有了自己的看法；他们思想敏锐、求知欲强、记忆力好、接受新事物快，并且自己的世界观也开始逐渐形成；他们开始认真考虑将来做什么人、干什么事、走什么样的人生道路。这个时期的学生，已能从事比较复杂的脑力劳动，并能主动安排自己的学习，进行独立钻研。但是，此阶段人的脑细胞还较脆弱，容易疲劳，因此要注意劳逸结合。

③性机能趋于成熟。高等教育阶段的学生正处于性的成熟期。第二性征越来越明显，女子嗓音细润，乳房发育，月经规律；男子喉结突出，嗓音粗，胡须渐多。性激素广泛作用于整个机体的生理发育，对骨骼的生长与成熟具有促进作用，也能够使体魄更加强健，促使体态日益健壮、匀称、丰满。性激素会导致身体产生性冲动和欲望，产生对异性的兴趣和特殊好感，促使人追求和渴望爱情。因此，特别需要重视对大学生进行青春期生理和心理健康教育，以及正确对待恋爱和婚姻问题的教育；引导他们形成积极健康的爱情观念，帮助他们平稳和顺利地度过这一重要时期。

第二，关于大学生的心理特点。青年期是少年向成年人转变的过渡期，也是少年心理向成人心理过渡的关键期，而高等教育阶段作为青年期的一个重要发展转折时期，对大学生的人生产生的影响是巨大的。大学生随着身体的发育成熟，在社会各种条件的相互作用下，心理面貌也发生了巨大变化，形成了一定的思想，具有了一系列的心理特征。

其一，情感丰富而强烈。作为脑的重要机能，心理是客观事物在人脑中的反映；作为人类主要的心理过程之一，情感是指人们对于外界事物的内在体验和感知。随着大学生年龄的增加，智力的发展和社会实践经验的积累，他们的情感表达也会变得更加丰富，具体体现在以下几个方面。

①理智感显著发展。人在智力活动过程中产生的情绪体验被称为理智感。理智感是在大学生的学习和生活实践中发展起来的，反过来，它又促进和推动了大学生认识世界和改造世界的实践活动，对他们的学习和生活具有一定的指导意义。对于大学生而言，学习是他们的基本任务和主要生活内容，而随着学习内容的不断深入，学生形成的知识体系会更加系统规整，因此他们的理智感就发育得特别快。

②道德感明显提升。道德感是在特定的社会道德标准下，人对自己或他人思想和行为产生的一种主观感受。高等教育阶段是学生的世界观、人生观、价值观形成的关键时期，相比于中学生，大学生的道德感往往会更强。当别人或自己的言论、行动和意图与自己的道德标准相符时，大学生就产生肯定情感，包括满意、愉快、赞赏、钦佩等，否则就会产生否定情感，包括不满、讨厌、蔑视、羞辱等。例如，看到别人为灾区捐款捐物而产生的赞赏和钦佩之情等，就是大学生体验到的道德感。另外，同情、反感、睿智、疏远、尊敬、轻视、爱慕、感激、歉意，以及由世界观决定的同志感、友谊感、正直感、爱国主义、集体主义、社会责任感也是大学生从多方面通过体验获得的道德感。

③美感进一步发展。美感是人以一定的审美标准为依据，对自然或社会现象及其在艺术上的表现予以评价时产生的情感体验，并且美感的发展与文化修养高低有一定的关系。作为受过高等教育的人，大学生具备较高的文化素养，因此他们的审美能力更强，审美水平更高。大学生对美的欣赏不仅在于服装得体、音乐动听、艺术艳丽等方面，还在于欣赏山河的壮丽、春光的明媚、建筑的宏伟、田野的生机等方面；他们不仅注重外表美丽，也对内在美有所追求，其欣赏艺术之美和社会之美的能力也是在不断提高的。

④友谊感逐渐突出。友谊感在大学生的情感中十分突出。青年时期是人生的一个分界点，青少年由于个人的思想刚刚开始出现一些自主的苗头，这时候对家

庭的依赖较大，友谊感不是很强烈。当进入青年期，伴随着各方面的成长、思想的成熟，人们对友谊的要求渐趋强烈，并越来越注重与朋友信念、志向、情趣、性格、爱好的一致，以利于交流思想、探讨问题、互相帮助。

⑤情感的外露性和不稳定性。这种特性具体表现为情感的表达方式易受外界因素影响，并经常变化不定。大学生的情感表达往往比较直接，情绪波动较大，情感表现比较激烈，遇事容易冲动；通常他们会展现出对真理的坚定信仰，并向往充满活力和激情的生活方式，热衷于振奋人心的场面。然而，如果行事盲目和冲动，就有可能犯下严重的错误。大学生经常会因自己的愿望和需求得到满足而非常兴奋，甚至手舞足蹈，但若一时无法满足自身愿望，则会消极悲观，并感到极度沮丧和失望。虽然大学生的情绪相对中学生来说更加稳定，但相比成年人，他们的情绪仍然易于波动，容易迅速从一种极端转向另一种极端；他们倾向于过于乐观地设想事情的进展和结果，缺乏应对挫折的心理准备，遭遇失败后，会感到抑郁、焦虑、不满或者绝望。

其二，认知能力增强。大学生的认知能力发展主要体现在观察力、记忆力、想象力和思维力等方面。

①观察力的发展。观察是指人们按照计划并在特定的目的下，在持续时间内进行的感觉活动。观察力指的是能够在了解事物的外表时发现其属性和特征的能力。大学生在受教育期间，他们的观察能力会得到显著提高，不仅能够更有目的地、主动地、准确地观察事物，而且能够更深刻地认识问题。

②记忆力的发展。记忆力是指人脑对过去经历和体验的事做出反应和回忆的能力。大学生正处于记忆力发展的黄金时期，他们的记忆方式在受教育过程中会得到丰富。尽管无意记忆和机械记忆仍然存在，但有意记忆、意义记忆和有目的记忆已经逐渐取代了它们，成为主流。大学生的大脑承载了丰富的知识，包括书本知识、生活知识和社会知识，这些知识会源源不断地进入他们的记忆库。

③想象力的发展。想象力是人们基于对某一事物以往的感知经验，创造出该事物全新形象的能力。大学生的想象力得以蓬勃发展的原因在于他们拥有较强的观察力和记忆力，以及在学习和生活中获得了大量的资料积累，这些为他们构想未来提供了丰富的想象空间。

④思维力的发展。思维力是指人在对感性信息进行分析、综合、概括、抽象、比较、具体化和系统化等多重加工处理的过程中，将其转化为更理性的认识的能力。思维力培养是大学生思想政治教育的重要组成部分，无论是参与思想政治理论学习活动还是课外实践活动，大学生都需要具备良好的思维力。在高等教育阶

段，大学生理论素养得到了更进一步的提高，对于假设的理解也达到了一个更高的层次。大学生不仅考虑眼前的事物，更注重对过去经验及未来发展可能性的分析与思考，这使得他们的思维更为全面、灵活。

其三，自我意识增强。自我意识是指人对自己、自己与他人关系，以及自己与周围世界关系的认识。自我意识包括自我观察、自我批评、自我监督、自我调节、自尊、自信、自立、自控和自豪感、责任感、义务感等。高等教育阶段，大学生身心迅速发展，产生了强烈的自我意识，主要表现如下。

①自尊心、自信心和好胜心明显增强。随着知识的丰富和身心的发展，大学生显示出相应的才能和力量，自尊心明显提高，希望得到别人的尊重，总想显示自己的作用以引起别人注意。自信心增强主要体现在大学生对自身有了一定程度的了解，包括自己的知识、能力、意识、情感等，喜欢对自己做出肯定性评价。这一时期的大学生要强好胜，喜欢显示自己的力量和才华，处处要表现自己是生活的强者。对待大学生的自尊心、自信心和好胜心明显增强的情况，高校应该合理健康地引导，使之趋向于积极进取、不甘落后、珍视荣誉；防止处理不当使之脱离集体、追求虚荣、自傲自卑、铤而走险。因此，在开展高校学生管理工作的过程中，管理者一定要保护和肯定大学生的积极性及自尊心，同时又要严格要求，善于引导，使二者有机地结合起来。

②独立意识迅速发展。由于体力和智力日益增强，大学生的思想已经逐渐成熟，独立性和主动性显著发展，不再像中小学阶段对家庭有较大的依赖性。特别是当代大学生，他们不轻信他人结论，甚至会出现批判和"逆反心理"，不喜欢受到束缚。这种独立性不一定是缺点，但是高校要对大学生的独立性加以引导，使其朝着正确的方向发展。

③自我评价和自我教育能力成熟。大学生自我意识较强，他们不仅借助别人的评价认识自己，而且会主动按照自己的标准进行独立的自我评价。大学生自我评价能力的日趋成熟，使自我教育成为可能。并且，随着自我评价准确性的提高，大学生进行自我教育的主动性、正确性和稳定性亦相应提高。高校学生管理工作应结合大学生的这一特点，积极引导大学生进行自我教育。

其四，社会心理渐趋成熟。随着大学生的身心发展，他们的社会交往圈逐渐扩大，对于人际关系更加重视，期望自己在社会关系中的地位不断提高。并且，随着独立性的增强，大学生与家庭、同龄人及教师的关系都发生了变化。

在高校中，大学生与亲人的关系发生了质的变化，他们渴望独立，对于父母给予的知识已不像童年时期那样绝对地、不加批判地被动接受。随着学历层次的提高和年龄的增长，大学生在家庭中的地位逐渐提高，行为的自主性越来越强，可以自主地支配自己的时间，自主地进行朋友选择和交往方式选择等。

与同龄人的交往是大学生获取信息，以及收获快乐、经验和友谊的有效途径。大学生有一种集体主义意识，希望自己可以像少年时期一样，有一种集体归属感。所以在高校中社团众多，各式各样。大学生参加社团活动和入团入党的要求强烈，希望通过这种方式承担更多的社会义务和社会责任，渴望在团体中发挥自己的作用，实现自己的人生价值。

大学生在与教师的关系上，也发生了显著变化。大学生不再把学习分数看作同龄人之间取得尊重、声望、名誉的唯一途径，而把学习理解为对未来生活的一种准备；他们将教师看作师长和朋友，而不再是名誉的化身，对教师的尊敬多于崇敬；这一阶段的师生关系从少儿时的"亲密型"转为"疏远型"，他们不再是一切都依赖教师的学生，而是具有自主学习能力的学生。

三、高校学生管理工作界定

（一）高校学生管理工作的定义

从现代的认知角度来看，如今的高校学生管理工作有了比较明确的定义，那就是一种由高校管理者和领导团队对高校学生的学习与生活等一系列行为进行预估、规划、落实、反馈和监管的，以最大限度培养学生能力为目的的管理工作。高校在落实这些职能的过程中必须严格执行并遵守国家制定的、与教育管理相关的各项法律法规及地区政策，落实各项工作的过程也必须具有科学性和计划性，对工作开展会涉及的各种人力资源、财力资源、时间资源和信息资源等进行合适的指挥和调度。

（二）高校学生管理工作的特点

一是实践性。高校学生管理工作的宗旨是在实际工作中解决学生的问题，高等教育的最终目标是培养出高素质、高质量、对社会有用的人才。随着时代的飞速发展，高校学生管理工作发生了翻天覆地的变化，其管理内容、形式、手段在不断革新。管理者不能仅仅停留在高谈阔论的层面，而是需要在实际工作中积极运用和检验新型管理模式。不合理的管理模式应该得到改善，而先进的、科学的管理模式则应该继续运用并进行改进，以更好、更快地适应不断变化的学生和社会环境。

二是及时性。大学生很容易遇到解决不了的问题，也经常碰到突发事件，因此，管理者需要快速响应、及时处理，以显示出高效率。管理者应当精准获取信息，及时有效处理，不能拖延。尤其是在当前信息社会，事件的传播和影响力可能会远远超出管理者的掌控，因此及早处理问题至关重要。

三是服务性。当前，许多大学生在解决问题时往往对管理者产生了依赖，缺乏自主解决问题的能力。随着高校学生管理工作范围的扩大和职能的增加，高校学生管理相关部门必须积极履行服务职责，以满足大学生的多样化需求。

四是政治性。思想政治工作一直是高校学生管理工作关注的重点，这有历史和社会背景的双重原因。高校学生管理工作在我国高校的出现，源于社会开展思想政治工作的需求。当时，学生管理工作的主要职能是协助学生进行政治学习和参与政治活动。自改革开放以来，我国高校学生管理工作得到了显著的改善和提升，同时也逐步确立了比较独立的地位。

（三）高校学生管理工作的主要内容

高校作为学生经历的各教育阶段中层次最高的教育场所，其中的学生年龄最大且自主性最强，因此领导者和管理者要运用合适的方法对其进行管理，以尽可能让其在学习和生活中找到平衡，使其在校园中就明确自己在社会中的定位。可以说，高校学生管理工作是高校对大学生从入学到毕业这一在校阶段的管理，涉及的内容很多，其中较为主要的有以下几个方面。

一是德育管理。高校在开展学生管理工作时，德育管理是一项十分重要的内容。所谓高校学生的德育管理，就是高校根据大学生的身心发展特点和品德形成规律，有目的、有计划、有组织地对大学生的心理施加系统的影响，把一定的思想和道理转化为其个体思想品德的过程。也就是说，高校在开展学生管理工作时，要注意与德育管理相结合。

高校德育管理工作开展的现实意义包括以下几点：①提高德育实效。相对于高校其他方面而言，高校德育管理工作更为复杂。德育管理旨在通过加强实体管理，建立德育质量保障体系、完善德育管理工作控制系统和健全德育约束机制，运用科学合理的方法发挥德育管理的作用，以求切实明确高校各部门及相关人员的德育责任，提高德育实效。②调动德育工作者的积极性。德育工作者是高校德育工作顺利开展的基础。因此，一方面，在德育目标的要求下，高校需要对德育工作者的行为进行必要的监督和约束。另一方面，高校应该倡导、支持德育工作者以成为符合社会需求的人才的愿望和追求为内在动机，使他们的心理活动保持积极主动的状态，具有强烈的学习和工作愿望，并付诸行动。德育工作者不仅要有实现优秀绩效的意愿，也应具备研究和改进工作的创新精神。德育组织是为了实现特定的素质教育目标而设立的，是德育管理的重要体现。这些组织是在某种特定方式下聚合的官方社群，如高校的共青团、年级小组及班级等。高校德育管理工作需要有多样化的组织形式才能有效展开。高校需要思考如何充分运用和管理这些组织，以达到有效促进德育管理工作发展的目的。要加强德育管理，高校就需要基于科学的管理体系，建立独具特色的德育管理机制，以合理化德育组织内外各层次关系为目标，充分挖掘德育组织的凝聚力，从而有效地推进高校德育管理工作取得实效。

二是学习管理。高校学生的学习管理指高校按照一定的专业教育标准，有目的、有计划地对高校学生进行专业教育，使其最终成长为具有丰富、系统的专业知识与技能的合格人才。具体来说，以下三方面的学生管理工作是高校必须要做到的：①对学生的学习能力和知识掌握的管理。②对学生的其他能力和技能掌握的管理。③对学生的智力发展和自主生活能力的管理。

三是学籍管理。高校学生的学籍管理指的是对高校学生在校园内的一系列会对学业、毕业情况造成影响的行为与事件的管理，其中包括对学生在考试中取得的成绩的记录、对学生在经历一个学期的学习后的升级、留级、降级情况的了解和记录、学生由于在校内或者校外的行为而受到的奖励与处分的记录（包括学生因特殊原因而导致的退学、复学以及转学等行为）等，通过学业资格检测和认证的学生就可以毕业并得到相关证明，反之则需要重修或者成为肄业生。高校在对学生的学籍进行管理的时候不但要符合国家制定的法律法规，而且要遵循科学性原则、符合教育理念，根据高校一贯的教育方针和教育界最新的教育成果及不同学生的特点，做到在管理方面符合每个学生的身心发展规律，只有在合适的管理规范与制度下，管理工作才能良好展开。具体来说，高校学生的学籍管理包括以下几个方面的工作。

①做好高校新生的入学审查。

②做好高校学生在学习过程中的成绩管理。这对于了解和掌握教师的教学质量和学生学习情况有很大帮助，如果能够在教学过程中找到原有教学和学习方法的不足之处并且加以改进，那么对学生的主动学习能力的提升是很有好处的。

③学生在高校学习的目的除丰富自身的知识储备并提升自身的学习技能与其他能力之外，还有就是获得毕业证明作为日后找工作的敲门砖。高校应尽量保证每个学生在接受教育后都能得到满意的结果，但对于未曾认真学习的学生也不能

随意发放毕业证书，高校在关于学生是否有资格获得毕业证书的审查中应严格而不苛刻。

四是生活管理。在高校学生管理工作中，高校学生生活方面的管理是一项十分重要的内容，其不仅会影响高校学生的身心能否健康发展，而且会影响高校学生能否建立正常的学习、生活秩序，还会影响高校的人才培养目标能否有效实现。因此，高校必须要对生活管理工作予以足够的重视。

高校学生的生活管理，从内容方面来说应包括对高校学生在校期间的一切生活活动的管理，如饮食管理、起居管理、着装管理、健康管理等。

五是行为管理。高校学生的行为管理也是高校学生管理的一项重要内容。所谓高校学生的行为管理，就是高校要对学生的日常行为进行指导、监督、检查及纠正，以引导高校学生养成良好的行为习惯。这里需要特别指出的一点是，在对高校学生的行为进行管理时，要特别注重引导高校学生形成健康的道德行为，这对于保证其身心健康发展具有重要的作用。

六是体育管理。高校学生要想成才，为社会主义现代化建设做出贡献，首先要有健康的身体。因此，在高校学生管理工作中，高校学生的体育管理也是一项不可忽视的内容。

所谓高校学生的体育管理，就是高校组织、指导高校学生按照一定的体育锻炼标准进行锻炼，在学生锻炼的过程中必须要做到有计划、有组织，任何锻炼行为都要有其目的，只有这样的锻炼才是有效果的，才能做到既不影响学生的文化课学习，又能逐步提高学生的身体素质，以应对在校期间紧张的学习和日后的工作。此外，高校学生的体育管理要想取得良好的成效，应特别注意以下几个方面。

①高校学生的体育管理必须与高校学生的身心特点相符。

②高校学生的体育管理必须与教育规律相符。

③高校学生的体育管理必须与体育管理原则相符。

④高校学生的体育管理要尽可能以最少的投入来获得最佳的体育效益。

七是卫生管理，这也是高校学生管理工作的重要组成部分。高校学生卫生管理包括学生作息制度卫生、教学卫生、课外活动卫生、体育锻炼卫生、环境卫生、教学设备卫生、膳食卫生、供水卫生、住宿卫生、心理卫生、健康检查、疾病预防、卫生宣传等工作的管理。

八是课外活动管理。高校学生的课外活动管理涉及两个方面：一方面是高校学生在校内的课外活动管理；另一方面是高校学生在校外的活动管理。在具体开展这一管理活动时，需要特别注意以下几个方面。

①学生的课外活动不能是漫无目的的，而应该是具有一定的目的性和意义性的，管理者应当确保学生的课外活动远离低俗、不健康的内容，让学生在放松身心的课外活动中既能消除日常学习带来的疲倦，又能陶冶情操、拓宽眼界。

②要确保课外活动能够提高高校学生的思想政治觉悟，为高校学生形成科学的世界观和良好的道德品质奠定基础。

③要确保课外活动能够使高校学生获得较好的人际交往锻炼，以有效培养高校学生的人际交往能力和适应社会能力。

④要确保课外活动能够有效培养和发展高校学生的兴趣爱好，发挥高校学生的特长。

此外，在开展高校学生管理工作的过程中，要想该项工作取得良好的成效，高校需要处理好以下两个方面的关系。

首先是学生管理与规章制度。高校学生管理工作的有效落实，离不开合理的规章制度的支持。当前，我国教育有关单位以党和政府的教育方针、高校学生成长的特点及长期以来的工作经验为基础，制定并颁布了《普通高等学校学生管理规定》，切实明确了如何科学地管理高校学生。与此同时，各高校也以自身的实际发展情况为依据，制定了适合自身的规章制度，以对本校学生进行科学的管理。

其次是学生管理与思想政治教育。在开展高校学生管理工作时，如果只强调严格管理而忽视思想政治教育，或只强调思想政治教育而置管理于不顾，只能导致高校学生管理及思想政治教育都无法取得预期的成效。因此，高校学生管理工作必须积极与思想政治教育结合，以促使高校学生管理工作真正走上井然有序的轨道，继而在高校管理及学生培养方面发挥更大的作用。

第二节　高校校园文化的内涵与分类

校园文化建设是高等教育的重要内容，它体现了一所高校独特的风格和精神，是协调高校人际关系的纽带，是高校的形象和灵魂。健康向上的校园文化能够以潜移默化的方式，使高校学生获得知识、陶冶情操，有利于他们的思想道德素质和科学文化素质的提高与完善，进而为高校实现育人的最终目标、服务于社会主义建设事业打下良好的基础。

一、高校校园文化的内涵

（一）文化与校园文化的概念

1. 文化

追根溯源，"文化"一词在不同学科之中和不同背景之下有不同的含义。文化是整个社会的人的生活方式，在什么样的环境里生活，就会形成什么样的生活方式，包括价值观、习俗、象征、体制及人际关系。从字面含义看，"文"一般是指纹理，"化"则表示变易、生成、造化等，两者构成"文化"这一词的源头可追溯到我国古代的《周易》。《周易·贲卦·象传》中提到，文明以止，人文也。观乎天文，以察时变；观乎人文，以化成天下。①这句话概括了文化的内涵和文化发展的意义。英国文化学家泰勒在《原始文化》一书中提出，从广义的人种论的意义上说，文化或文明是一个复杂的整体，它包括知识、信仰、艺术、道德、法律、习俗及作为社会成员的人所具有的其他一切能力和习惯。②我国有学者认为，文化是人类在处理人与世界关系中所采取的精神活动与实践活动的方式及其所创造出来的物质和精神成果的总和，是活动方式与活动成果的辩证统一。文化就是人化，是人类的创新、经验、成果的总和，而非自然原生态。文化就是摆脱低级趣味的"讲究"，包括自然因素和人文因素，是体现人们对理想社会和美好生活的向往和追求的诗意般的存在。文化是人的本质特征，人既是文化的创造者，也是文化的创造物。人的文化活动是人本身的自我成长活动，是一种不断自我优化的过程。人类创造文化，文化使人性更加成熟、完美，文化的目的就是以文化人，即教化人的思想、塑造人的灵魂、熏陶人的品质、提高人的生命质量。

2. 校园文化

高校所创造和发展的物质文化和精神文化元素的综合体便是校园文化。从狭义角度看，高校是教育和培养人的"社区"。因此，校园文化一般指高校成员在其发展过程中形成的精神总和，包括高校最高目标、价值观、校风、传统习惯、行为规范和规章制度等方面的内容。也就是说，校园文化是指高校组织长期以来所形成并信守的精神理念，是高校组织及其大多数成员共同的行为方式与物化形态。

从系统论的观点来看，高校校园文化是社会文化系统的一部分，它的形成和

---

① 任保平. 观乎人文，化成天下 [J]. 人文杂志, 2017 (11): 21.
② 泰勒. 原始文化 [M]. 蔡江浓，编译. 杭州：浙江人民出版社, 1988.

发展与整个社会文化的积淀、变迁息息相关，有着鲜明的社会性、时代性。此外，高校校园文化作为特定群体所拥有的文化现象，不仅具有所有文化的共同属性，还具有自己的本质属性。作为人类文化的重要组成部分，高校校园文化代表了人类社会在教育人、培养人、造就人方面的物质成就和精神成就。同时，高校校园文化作为高校教育的背景条件，又是教育教学过程中重要的教育资源和构成要素。从这个角度来说，高校校园文化是所有师生、在校员工基于共同的价值观念进行的物质和精神创造的成果和过程。文化活动是校园文化的主要表现形式，并通过积累、凝聚和内部控制机制优化，形成了具有特色的组织文化。

价值观是高校校园文化的核心。高校校园的核心是其精神文化，该文化的性质和方向，以及高校职能的实现状况，都取决于校内师生的价值观。校园文化的活动形式和物质形态是指通过跨学科、跨领域的交流及独特的交往形式，在教学、科研、生产和生活等领域产生的各种文化活动，以及与之紧密相关的生活方式，其能承载和传承高校校园文化蕴含的价值观。

上述校园文化的概念，虽然角度不同，但都强调了高校校园文化的以下几个方面的本质特征。

第一，高校校园文化是一种亚文化。由于校园文化受到社会大环境和主流文化的影响和制约，它作为一种亚文化，基本上与社会主流文化的方向保持一致。此外，校园文化与其他亚文化（家庭、社区、企业等文化）之间，以及不同的校园文化之间具有紧密的相互作用。

第二，高校校园文化与高校紧密相关。高校校园文化与高校思想政治教育、德育、科研息息相关，它们相辅相成地为中国特色社会主义建设事业服务，共同致力于培养具备德智体美劳全面发展素养的社会主义合格建设者和可靠接班人。

第三，高校校园文化有一定的空间界限。高校校园文化的本质要求它必须紧密融合在校园环境中。若离开了高校校园环境，校园文化便无法在其生长和繁荣所需的沃土中存活和进一步发展。当前，高校校园文化已不再局限于校园内部。随着信息化社会中网络技术的不断发展，高校校园文化正在通过各种媒介和渠道不断向外发展，向社会各个层面渗透。

第四，高校校园文化的主体是校内的全体成员。高校校园文化的产生和发展是以校内师生、员工这一特殊群体为基础的，是校内所有成员共同劳动的成果。因此，仅将学生或教师看作校园文化的主体是片面的。

第五，高校校园文化是一个动态的系统。校园文化的动态性主要体现在两个方面：一方面，高校校园文化的形成是不断发展和进化的过程；另一方面，校园文化是一个整体性强、相互关联、稳定、开放和协调的系统，由多个元素构成。并且，这些元素相互作用、相互联系，使得校园文化成为一个有机的整体。

（二）校园文化的特性

校园文化作为一种特殊的文化存在形式，必然有其特性。具体来讲，校园文化的特性主要包括以下几个方面。

1. 时代性

高校肩负着为社会全面发展直接输送全面型人才的任务，高校校园文化的内容必然要适应时代的主题，把握时代脉搏，反映时代精神，弘扬时代主旋律。校园文化伴随着高等教育的发展而发展。在高等教育的不同时期，校园文化也显示出不同的存在特征。当高等教育处于精英教育（工业经济时代）阶段时，校园文化正处于发展的初期，受校园文化影响的人数极其有限，校园文化的作用范围也具有局限性；当高等教育发展到大众化及普及化的阶段时，接受高等教育的人数增多，受校园文化影响的人数大大增加。由于校园文化发育成熟，校园文化所发挥的作用及其重要性也凸显出来。接受高等教育的人，不仅可以学习科学技术知识，还可以通过接受高等教育全面提高自己的素质。随着经济发展而不断发展的高等教育，使受校园文化影响的人数日益增加，并逐渐涉及社会上的大多数群体。由此看来，校园文化的形成是一个不断发展变化的动态过程。因此，校园文化具有时代性。

2. 无形性

校园文化并不是某种物质性存在，而是一种精神性存在，因此是无形的。校园文化包含的价值观念、理想信念、行为准则、思维方式、校风学风等是以群体心理定式或氛围存在于师生和员工中的，像一只无形的手，推动大家按高校的主导价值观及共同的行为准则去工作、学习、生活，这种影响和作用是无形的，又是潜移默化的，根本无法用物质性的东西去度量、计算。因此，校园文化具有无形性。

3. 学术性

在以科技竞争为主的当今社会，学术竞争力不仅仅是高校品牌含金量的衡量标准，也是决定高校存在和发展的关键，甚至直接关系到一个国家和地区的综合实力。高校是培养高水平专业人才和科学工作者的基地，因此，高校的各项工作及相关校园活动都是围绕学术研究这个主题展开的。所以，高校文化始终处于社会文化发展的前沿，彰显出学术性特征，这也是校园文化区别于其他社会文化的地方。

4. 创新性

文化是在传统的基础上演变发展而来的，它会不断改变旧有的习俗与传统并创立全新的传统。高校校园文化的形成和演变是一个师生共同创造、共同传承的双向互动过程。在校园教育、科研和娱乐等方面的实践过程中，校园文化可以实现经验的积累和吸收，并在改善校园环境和提高校园生活质量的过程中不断进步和发展。校园文化是运动和发展且不断变化的，而非静止不变的。在校园中，师生通过持续的创新和实践，塑造出多种独具特色的文化形态。这些文化形态能够有效地教育、感化和服务师生，达到建设校园文化的目的。因此，校园文化体现出了非常高的创新性。

5. 辐射性

此处的辐射性也可以理解为影响力，高校的校园文化不仅源于前人、社会及对外来文化的吸纳与融合，同时也源于校内师生。每个校园成员都会受到校园文化的"辐射"。校园文化通过丰富多彩的文体活动、社团交流等多种形式，将高雅文化元素带给每一个在校成员，让大家都能从中受到启迪。校园文化活动不仅给大学生的思想观念、心理素质和行为方式带来了新的变化，还激发了他们对一系列新观念、新思潮的兴趣，这些新观念、新思潮已经逐渐融入大学生的心灵当中。当大学生踏入社会后，那些已经深深根植并内化的价值观念将会朝着社会发出强大的"辐射"，进而在弘扬民族文化和民族精神方面发挥积极的作用。

6. 社会性

校园文化是整个社会文化体系中的一部分，它作为一种社会亚文化，具有一定的社会性。它依赖人类活动及各种中介形式，如物质工具形式、语言符号形式、社会关系形式，以及由各个民族在历史过程中形成的各种约定俗成的形式，依赖人类创造的物质和精神财富。因此，从这种意义上说，校园文化具有一定的社会性。

7. 历史性

文化本身就是历史的产物，任何一种文化都是在以往文化的基础上形成的。因此，校园文化同历史有不可分割的联系。这里的历史，不仅仅包含高校的历史，还包括高校所在国家的民族历史、文化历史。校园文化的构建，需要历史的沉淀、时间的锤炼。只有经过历史和时间考验的校园文化才是持久的和最具有感染力的文化。校园文化是随着社会的发展而发展的，它的建立是一个活生生的、流动着的、不断创造的过程。任何条件下的校园文化，总是具有相对的意义，而整个人类文化的发展是永无止境的。因此，相对于整个人类的文化来说，校园文化表现出了一定的历史性。

二、高校校园文化的分类

角度不同，对校园文化的分类也不相同，但不管怎么分类，所诠释出的校园文化的本质是不变的。下面将从不同的角度以三种比较典型的校园文化分类来对校园文化加以说明。

（一）根据校园文化的空间划分进行分类

根据校园文化的空间划分，可将校园文化分为以下几种。

1. 寝室文化

寝室是大学生生活、学习、休息的主要场所，因此寝室也成为高校校园文明建设的重要展示窗口。众多事例表明，寝室文化是高校校园文化不可或缺的一部分，以寝室为中心的文化对大学生的影响十分广泛。寝室文化是指寝室成员在共同生活、学习、休息、娱乐、社交等方面所创造出的一系列物质文化和精神文化的总和。此事项囊括了寝室同伴的学习技巧、个人作息模式、人际交往能力、心理状态、道德准则及日常用品摆设等多个方面。

（1）寝室文化的特征

第一，作为校园文化的重要组成部分。寝室文化作为高校校园文化的子文化，在校园中拥有自己特定的空间，是校园文化的重要组成部分。从大学生生活、学习的特点来看，寝室是课堂的延伸。从某种角度讲，它比课堂的影响力更大，因为学生在寝室里停留的时间一般比在课堂中的时间要长。寝室不仅是大学生生活和休息的场所，也是他们学习、获取信息、交流思想和交友娱乐的天地，这就远比课堂要广阔。大学生的思想观点包括人生观、价值观的形成和变化，在很大程度上要受寝室文化的影响。

第二，作为校园文化建设的一个重要方面。从加强校园文化建设的角度来看，寝室文化建设是其中一个重要的方面。寝室文化是高校精神文明的一个缩影，一所高校的校风如何完全可以从寝室文化中窥见。

（2）寝室文化的功能

研究寝室文化的意义在于挖掘其在促进学生成长方面的潜力。寝室文化能够对个人的性格进行塑造，并实现个人与社会的融合。就整体效果而言，寝室文化可以规范个人行为。寝室文化的育人功能主要表现在以下四个方面。

第一，思想教育功能。宿舍是高校的一个"细胞"组织，也是最常见的大学生生活场所。寝室会与严肃的课堂形成鲜明的对比，在寝室中，大学生之间的交往特别频繁且亲密，他们可以尽情自由地表达自己真实的想法和日常生活习惯，大学生在这种环境下展现出的思想和品德更加真实可信。由于寝室成员每天都会接触到大量来自社会和校园的信息，因此寝室自然而然地成了一个信息汇集和交换的场所。这种流动的信息实际上是一种非常有价值的教育资源。在寝室成员的深入交谈和热情讨论中，每个人的想法和观点都被充分展现，每个人的品德和价值观也得到了体现，同时，每个人的个人隐私也被揭示，每个人的行为方式也变得更加容易被察觉。如果高校能够引导大学生，纠正他们的错误思想和行为，那么就可以促进思想教育的发展，使大学生形成积极健康的精神风貌，这将会对大学生产生积极的影响。

第二，人际交往功能。大学生在寝室中交流情感是非常重要的。大多数大学生首次离开家庭，开始体验集体生活，他们来自天南海北，家庭背景和生活习惯各异，个性、脾气、爱好千差万别，甚至可能语言不通。这样的差异容易导致寝室成员之间出现矛盾。为了在高校中有良好的学习和生活，大学生需要彼此尊重、关心、理解和包容，应该强调共同点，同时也要尊重不同的意见，以建立并维护友谊，提升人际交往能力。

第三，学习交流功能。学习是大学生的首要任务，也是其丰富多彩的高校生活的主旋律。在学习过程中，大学生常常会面临一些难以理解的问题。此时，与室友互相讨论、相互学习、分享经验是再自然不过的事情了。而且，与室友进行这种讨论和交流，也是一个高效的学习知识的方法。

第四，文体娱乐功能。在高校中，文化、运动和娱乐都是大学生学习和生活必不可少的组成部分。在寝室内或不同寝室之间，可以举办辩论赛、文艺活动、体育比赛、书画比赛等活动，这些活动不仅能够充实大学生的课余生活，而且能够增强其团队协作精神。

2. 教室文化

教室文化是高校校园文化的重要组成部分。教室文化活动是高校校园文化活动的基本形式之一，是校园文化的集中反映和表现。教室文化从本质上来看，以教室为载体，以学生、教师为主体，能集中反映一所高校的校园精神。也就是说，教室文化在微观上将校园的特色和风格及其所蕴含的精神因素、信念因素、传统习惯、道德风尚等，融入了具体的小范围的教室文化氛围之中。教室文化具体包含以下几个方面的内容。

一是教室的环境布置。人的成长与其所处的环境有着极其密切的关系。作为大学生学习的物质环境，教室对大学生的身心发展的影响是不可忽视的。教室的环境建设，在物质上应当整洁明朗，令人赏心悦目、心情舒畅；在精神上，应当给人一种积极上进的感觉，使教室真正成为大学生努力学习、奋发进取的场地。

教室是大学生进行各种学习活动的主要场所，教室环境的布置应以整洁、庄重为主，为大学生的学习活动创造条件。教室环境应包括光线、颜色、音响、空间、设备等标示大学生学习地点特征的因素。除了提供人的活动所需的条件之外，教室作为大学生的学习环境，还必须容纳教育和训练中使用的种种设备、工具和材料等。当这些媒介与教室环境有机地结合在一起时，不可避免地会对环境性质产生一定的影响，因此，可以借助它们的有效应用来实现协调人的基本感觉的目的。教室环境布置包括对座位和课桌的设计，对照明、门窗、座位的安排等也都应有相应的估计和设想，以能够最大限度地为大学生创造最佳的学习条件为宗旨。此外，教室环境布置的一个重要原则就是教育性原则，即应充分利用可利用的空间与条件，如墙壁、板报、报刊等，对大学生进行正面教育和引导，以校园精神为核心，从不同的侧面反映高校的特点，反映师生的共同奋斗目标和准则，在潜移默化中形成一种凝聚作用，对校园内部成员的行为进行引导。

二是教室的文化活动。教室是进行第一课堂活动的场所。教室文化应最集中地反映校园文化在学术方面的精神和风格。从根本上说，就是用马克思主义占领课堂，引导大学生树立社会主义、共产主义的价值观，并用以指导自己的行为取向。教室文化以教师为主导，以大学生为主体。因此，高校应当从教师和大学生两方面入手，搞好教室文化建设。

①教师是建设与发展教室文化的主导者。在教室文化建设中，教师发挥着不容忽视的作用。著名教育理论家瓦西里·苏霍姆林斯基曾指出，高校好比一种精致的乐器，它能奏出一种和谐的旋律，影响每一个学生的心灵，一但要奏出这样的旋律，必须把乐器的音调准，而这种乐器是靠教师、教育者的人格来调音的。① 因此，教师必须注重完善自己的仪表和品质，促进自身修养和素质不断提高，将高校的价值观念、培养目标渗透于第一课堂活动的言传身教之中。

---

① 于国刚. 妙用点拨方　巧上阅读课 [J]. 甘肃教育，2011（14）：85.

教师应在一切方面均为人师表、传道授业、一丝不苟、严谨求实、无私奉献，把大学生的健康成长看成自己生命的延续，把大学生的全面发展看成社会主义事业的希望，将自己的全部知识传授给大学生，使之对大学生产生不可估量的吸引力、感召力和鞭策力。教师应该是校园精神的宣传者和示范者。

②大学生是建设与发展教室文化的主体。就大学生而言，他们可以在良好的文化氛围中获取知识、陶冶身心，实现自我塑造，还可以推动教室文化的创造和发展，自觉地运用一定的价值规范来实现自我约束，刻苦学习，促使自身道德修养不断提高，形成良好的班风，促进教室文化的健康发展。尽管大学生的发展水平高低不齐，但是他们都在不断地成长，他们同是祖国未来的希望。良好的教室文化氛围应引导大学生建立科学的价值观念，坚定共产主义信念，树立远大理想；在千变万化的改革大潮中，不断实现自我的完善和发展，迎接挑战，将坚定的共产主义信念作为激发内在潜能的动力和一切行为的最高准则，促进教室文化的健康发展。

③师生努力共建教室文化载体。在师生共同努力的基础上，教室作为"第一课堂"，必须突出校园风范，具有时代特色。教学活动是高校的中心工作，因此，以教学活动为中心环节的教室文化在一定程度上应是校园文化最为集中和突出的反映。教学活动应改变以往的单纯机械灌输的"填鸭式"教学方式，改进原有的教学方法和手段，采用研究式教学方式，形成一种生动活泼的教育氛围。

三是建设良好的教室文化。教室文化氛围只有被大学生接受、适应和认同，才能变成师生共同的意识和行为准则，因此，教室文化建设依赖师生共同的努力。建设良好的教室文化须做好以下几方面的工作。

①树立良好的班风。在实践中积极推动良好班风的形成，自觉约束师生的行为和思想，并贯彻到班级各项奖罚措施之中，以保证其不断完善和发展。

②师生共同努力，以身作则。要充分发挥教师的为人师表作用和班级干部的带头示范作用，使个人的理想、信念、性格、气质、作风、举止等具有表率和辐射作用，对全体大学生的行为取向和价值追求产生直接影响，为建立良好的班风和学风树立榜样。

③处理好第一课堂和第二课堂的关系，即课堂文化和课余文化的关系。课堂文化以第一课堂的教学活动为主体，课余文化也以第一课堂教学活动为主体。课堂文化应占主导地位，它是几千年人类文明的积淀。课余文化是第一课堂的扩展和必要的补充，二者相辅相成。不能以第一课堂代替和占用第二课堂，也不能以第二课堂冲击和影响第一课堂的活动。要分清二者的关系，摆正二者的位置，充

分利用第一课堂建设优秀的教室文化，对第二课堂活动要适度安排，对课余文化要积极引导。只有摆正和协调了二者的关系，才能最大限度地发挥二者对教室文化建设的促进和推动作用。

3. 社团文化

在高校中，社团作为一种重要的组织形式，承担着承载和传承校园文化、构建第二课堂、进行素质教育和为高校提供育人机会等多重任务，与学术教育和课堂教学同等重要。参与社团是一个非常有价值的学习方式，可以让大学生的校园生活更加丰富多彩，发展自己的兴趣爱好，拓展知识领域，扩大交友圈，同时也有助于丰富大学生的内心世界。随着教育制度的不断改革及大学生学习和生活方式的转变，大学生社团越来越成为高校中拥有深远影响力和凝聚力的群体，它不仅是高校对大学生进行思想政治教育的渠道，也是高校育人的有效手段。这个项目备受大学生青睐，不分年级、学历和年龄段，它也是高校精神文明建设的重要组成部分，是校风、学风的重要体现，它对于塑造丰富、多元的高校校园文化氛围，打造高校的历史传统，有着独特的作用。

（1）社团文化的内涵

社团文化是指社团成员共同秉持的目标、行为规范和思维模式的有机整体。这种文化并非单一因素所能促成的，通常需要长时间的凝聚和发展。大学生自己创造的文化体现在社团的方方面面，包括社团活动、社团形象、社团价值观、社团精神、社团品牌和文化产品等多个方面。

在这样的文化氛围中，大学生努力将自己融入社团这个大家庭中，陶冶情操，开阔视野，增长才干。

（2）社团文化的特征

①源于大学生，服务大学生。大学生按照自己的需要创造文化、改造文化和评价文化。高校社团文化是大学生在实践中创造出来的，他们发挥自己的主动性、积极性、创造性，创造出了适合他们自身发展的文化。同时，大学生在被创造出来的文化氛围中，接受文化的熏陶，接受高校社团文化的教化，接受文化环境所赋予的情感、思想、价值、意义，从而使自身各方面的能力都得到提高。

②具有一定的目的性。人的行为源于人的需求。大学生组织或参与社团活动，经营社团，创造或改造社团文化，其目的是满足自身的某种需要，如情感的需要、发展的需要、提高各种能力的需要等，是借助社团的力量来实现自己的愿望。

③在继承和创新中发展。高校社团文化是继往开来的文化，它不断吸收之前

的宝贵经验和优良传统；同时，社团文化在继承的基础上又有所创新，有所发展，社团文化建设鼓励大学生集思广益、勇于创新，以打造社团文化的文化品牌。创新有利于社团文化内涵不断丰富，有利于社团文化时代性不断增强，还有利于社团文化品位不断提高，使社团文化在高校中发挥越来越重要的作用。

④在新旧交替中发展。高校每年都会招收各地来的新生，增加高校新生数量的同时也为社团文化注入了新鲜的血液。正是这些新鲜的血液为社团注入了源源不断的活力，让社团永葆青春，紧跟时代潮流。当然，仅仅注入新鲜血液是远远不够的，社团还需要吸收与融合外来文化资源，社团成员在享受社团文化资源的同时会尽自己的一份心力去浇灌、去耕耘、去充实社团文化。就是靠着这些朝气蓬勃的新成员，大学生社团才得以维护、加强与巩固，才使得社团文化得到传承和发展。

（3）社团文化的功能及作用

在校园中，大学生因为共同的兴趣爱好或研究方向而组成的团体叫作社团。社团最大的特点是成员自愿加入且组织结构松散、成员流动性大。社团的生存和发展需要成员都能够认同它的目标和文化。因此，社团文化建设有着很重要的作用和意义。

第一，大学生社团文化能够发挥教育导向作用。社团文化的教育引导功能不是仅依靠强制灌输实现的，而是通过组织和开展社团活动时创造的氛围和环境来实现的。以下是大学生社团文化建设在教育引导方面的几个体现。

①大学生社团有利于大学生的自我充实和自我完善。大学生充满活力，朝气蓬勃，富有激情和创造性，是构建文明和谐校园的主要力量。大学生社团往往会以不同大学生的需要为依据，有目的、有计划地组织和开展一些积极向上的社团活动，可以满足大学生求知、娱乐、交际、展示个人才能的心理需求，促进大学生全面健康发展。

大学生社团是拥有共同兴趣爱好的人，为了给自己和他人创造共同交流的机会而创建的团体，参与社团活动可以使大学生的校园生活更加充实和丰富多彩。大学生在社团中与其他社团成员一起团结合作，相互学习、相互帮助、相互激励、相互促进，共同为了社团和自身的发展而努力奋斗，这有利于大学生集体荣誉感和团结协作能力的培养和发展。此外，大学生在参与社团活动，提高和锻炼自己与人交往和沟通能力的同时，还会有机会接触到社会上的人和事，这有利于大学生提前认识和了解社会，丰富自身的社会经验。同时，每个社团都会有相应的规章制度，社团成员必须在遵守本社团规章制度的前提下组织和参与社团活动，这更有利于大学生自我约束和自我控制能力的提高。

②大学生社团是大学生展示自我，提升自信心的舞台。大学生社团有很多种类型，大学生可以根据自己的兴趣爱好自由选择。社团每年都会举办各种各样的特色活动，为大学生展示自己的才华搭建平台，深受广大师生的欢迎。精彩的校园歌手大赛是能歌善舞的大学生展示魅力的舞台，充满激情的演讲比赛是爱好演讲的同学施展才华的地方。此外，摄影大赛、书法大赛等也都是高校校园的亮丽风景线。社团活动搭建了大学生展示个性风采的平台，丰富了大学生的课余生活。大学生在参与社团活动的过程中，既培养了自己的兴趣爱好，又结交了知心朋友，还建立了学习自信。

③大学生社团文化有助于引导大学生全面发展，营造良好的校园文化氛围。大学生社团具有目标明确、凝聚力强、覆盖面广的特点，它可以开展丰富多彩、形式多样、健康向上的校园文化活动，包括文学、体育、科技、文艺、娱乐、竞技、社会实践和志愿服务等多种形式。这些活动覆盖了德智体美劳等各个方面，有助于引导和促进大学生的全面发展。在举办这些活动的过程中，大学生社团还为高校营造了浓郁的文化氛围，有利于良好学风和校风的形成。

第二，大学生社团文化具有发展提升功能。随着时代的进步和高等教育社会化趋势的深入发展，大学生社团与社会有了越来越密切的联系。大学生在进行社团活动时，会越来越多地接触到社会，这有利于大学生社会适应能力的提高，积累一定的社会经验，锻炼各方面的社会技能。

①大学生社团为大学生提高各种技能和创新能力创造了良好的条件。大学生可以根据自身发展的需要来选择、组织、参与社团活动。现在，高校内容丰富且形式新颖的社团活动不仅为大学生提供了展示自我、张扬个性的平台，还为大学生锻炼各种能力和技能创造了良好的条件，使他们掌握了一技之长。在社团活动中，大学生不仅获得了较强的自我认同感，增强了自信心，还培养了较强的创新能力。有的大学生社团还会对其成员进行特殊培训，以促进社团成员技术能力的提高和发展。

②大学生社团为学生能力的提高和全面发展提供了广阔的空间。社团活动是大家集思广益的过程，不同的信息、不同的创意相互碰撞，不同成员间的互动越活跃，社团活动创新的动力也越强，对培养社团成员的创新意识的作用就越大。社团由众多的社团成员组成，就像一个小社会，成员之间的交流越频繁，对成员

交往能力的培养就越充分；社团组织走出校园的活动越多，成员的社会化程度就越高，这对于培养社团成员的社会适应能力起到了非常重要的作用。这些能力主要体现在以下几个方面。首先是组织协调能力。大学生社团活动要求全体成员参与，各自扮演合适的角色，这样就锻炼了大学生的计划、组织、控制、协调、指挥和领导的能力，以及团结协作、共同攻关的能力。其次是与人沟通的能力。大学生参与社团活动，不可避免地在许多方面都要与人沟通交流，有不同的意见和想法要和其他成员沟通，遇到困难要及时与领导沟通，寻求帮助时可能需要与老师、社会职能部门人员及其他社团的人进行沟通。在进行各种交流沟通的过程中，大学生的语言表达能力及人际交往能力会进一步提高。再次是思维创新能力。社团活动要求大学生学会传承和发展，既要吸收前辈的经验教训，更要学会如何进行创新，如何开展更有吸引力且更有特色的活动。社团活动可以充分调动大学生的积极性，促使其创新灵感得到激发。最后是实践能力和社会适应能力。社团活动为大学生提供了一个走出校园、深入社会、接触社会、了解社会的机会，社团实践活动能够促进大学生社会适应能力与实践能力的提升。

第三，大学生社团文化具有中介功能。大学生社团是社团文化的基本组织单位，处在高校与大学生之间，是大学生的自愿结合体，因而具有媒介功能、调节功能、服务功能和监督功能；是高校管理大学生的衔接点，可以发挥双向服务功能。高校通过社团来掌握大学生的最新动态，从而调整管理工作思路，提高管理工作的针对性和实效性。

4. 图书馆文化

图书馆是收集和传播人类传统文化的中心，是现代科学文化和文学信息中心的前沿窗口，也是读者获取知识的殿堂。图书馆的产生和发展受文化的影响，其在为文化发展服务的同时，在长期生存和发展的过程中形成了自己独特的文化。"图书馆文化"一词最早是在 20 世纪 90 年代由美国图书馆管理学界提出的，随后迅速发展起来。近年来，随着图书馆文化研究的不断深入，许多学者从不同的角度对图书馆文化进行了界定。

①图书馆文化是图书馆创造的物质文化和精神文化的总和。

②图书馆文化是指全体图书馆工作人员在工作和生活中营造的文化氛围，它是图书馆创造的精神财富和通过一些中间渠道创造的物质财富的总和，它的构成分为非物质和物质两部分，有形的是物质文化，无形的是制度文化和精神文化。

③图书馆文化反映了图书馆的风格，良好的图书馆文化会使馆内工作人员和

读者产生凝聚力、感召力，对图书馆的发展起着巨大的推动和促进作用。

④图书馆文化是图书馆在长期的历史发展过程中积累的，维持、促进其存在或发展的意识、价值观、行为准则等管理特征的集合。

上述观点从不同的角度展示了图书馆文化的内涵。文化的复杂性赋予了图书馆文化丰富的内涵。

高校图书馆文化是图书馆文化的子概念，但由于其所处的特殊场所，即高校校园，所以它也是校园文化的组成部分，这是高校图书馆文化和公共图书馆文化的不同之处。

高校图书馆是高校的信息中心，它是一个提供教学资源和研究信息的教育机构，也是高校信息和社会信息传递的平台，是高校行政水平的重要标志。高校图书馆会让读者在不知不觉中感受到浓郁的文化氛围。

高校图书馆文化在塑造校园文化过程中的作用主要体现在以下几个方面。首先，宣传的作用。高校图书馆利用自己多样化的馆藏、灵活多样的服务模式和良好的学习环境，成了大学生学习知识、丰富思想的地方，进而使他们积极参与到校园文化建设中来。其次，教育的作用。高校图书馆是"第二课堂"，除了给师生提供大量的书籍和资料，高校图书馆还可以组织各种类型的学术研讨会，帮助大学生进行知识整合。图书馆能满足大学生的各种信息需求，使大学生更好地创新和追求知识、提高文化素质和科研能力。最后，培养社会实践能力的作用。通过让大学生参与图书馆管理可以帮助他们加深对知识的印象，帮助他们塑造为他人服务的理念。同时大学生也可以体验工作的感觉，强化责任担当，学会处理人际关系。这些就是图书馆在塑造校园文化时发挥的具体作用。

5. 网络文化

（1）网络文化的内涵

网络文化是指网络上具有网络社会特性的文化活动及文化产品。网络文化是伴随着计算机的产生而出现的，是建立在网络的发展创造之上的精神创造，它以计算机及其附属设备为物质载体，以上网者为主体，以虚拟空间为传播领域，以数字化为基础技术手段。值得注意的是，网络文化并没有创造出新的文化，只是将原文化通过新的途径传播出去，赋予了原文化网络特征，它是在原文化的基础上经过发展衍生出的一种文化现象。

随着时间的推移，网络文化已经逐渐成长并迅速壮大，为人类创造出了一种新的生活方式、活动方式和思维方法，很大程度上影响着整个社会的风气和民众的思想意识，对大学生来讲亦是如此。如今，网络文化深入到了大学生学习和生活的每个角落，其影响力还在不断扩大。

（2）网络文化的特征

网络文化之所以迅速风靡，不断壮大，是因为它与其他类型的文化有着一定的区别，可以说是独树一帜、特点鲜明。网络文化主要有如下几个特征。

①开放性。网络文化的载体、运行机制，以及网络文化的主体和受体都有着高度的开放性。网络文化是一种共享文化，互联网使得各种文化能够充分展现、相互交流；网络文化的运行机制给大学生提供了一个宽松的环境，大学生可以在一个自由的空间中接收和传播信息；网络文化的主体和受体不计其数，这决定了网络文化有着多角度、多层次的思想和精神形态。

②便捷性。网络文化是以计算机及其附属设备为载体的，所以相对于书、报等载体来讲，网络文化在传播上具有相当大的优势。计算机使网络文化的传播更快速、更便捷。

③补偿性。互联网是有着巨大吸引力的虚拟空间，在这里，大学生可以大胆地发表自己的意见，显露自己的聪明才智，充分展现自己的闪光点，并相互交流、相互帮助，获得他人的尊重和友情。对于很多人来说，在现实生活中很难有这样的机会。因此，网络文化具有补偿性的特征。

④交互性。网络交流指利用网络媒介实现信息的传播。通过校园论坛、QQ、聊天室、电子邮件等开放式交互场所，大学生可以实现一对一、一对多的在线即时对话与讨论，畅所欲言。因此，网络场所给大学生带来了巨大便利，使大学生能跨越地理区域的局限性，与他人充分交流。另外，网络文化的虚拟性使得网络中的人们没有身份等级之分，每个人都是平等的。这便营造出一个极好的交流环境，人们畅所欲言，不用担心别人怎么看，这使得网络文化的交互性无可比拟。

⑤多元性。网络是个大熔炉，有着各种各样的文化形态。网络文化是一种开放性的文化载体，形形色色的文化样式、价值观念随着网络信息的高速传播呈现在受众面前，既有经济、政治、科教文卫等积极健康的内容，也不乏享乐主义、拜金主义等消极的思想内容。网络文化犹如琳琅满目、五彩纷呈的超级市场，可以满足不同品位、不同心理需求的大学生的需要。但同时，对大学生思想意识的影响也深浅不一。

⑥虚拟性。网络的虚拟化使得人的个性充分张扬，冲击着校园的组织制度文化。信息时代，网络带给人们的是一个虚拟的环境。这种环境是建立在纯文本基

础上的信息交换，对交流者而言，它不具有嗅觉和触觉的感受，其听觉和视觉也是受到限制的，但是这种虚拟的环境给大学生提供了一个充分展示自我的空间。

首先，网络的虚拟性使网络主体具有一定的隐蔽性。人们常说，在网上，没有人知道你是谁。正是网络的隐蔽性，使得高校的师生可以在任何一个聊天室里尽兴地畅谈，还可以把自己的最新作品贴在某一个公告板上让他人去评价，而不需要考虑自己的身份，不需要顾及自己的面子。在虚拟环境中，"伙伴"也好，"对手"也好，只是一个符号，一个代码，人与人之间的制约变得非常薄弱，只有虚拟和想象中的"自我"出现在网络上。

其次，网络的虚拟性使网络主体的行为具有极大的自由度。在计算机网络中，除了一些保证服务器正常工作的管理员之外，没有其他管理者和统治者。人们可以"创造"自己的身份，可以按照自己的愿望设计自己的行为方式。一切看上去是那么自由，那么令人随心所欲。这就使得网络主体的行为显现出个性化的趋势，而这种个性化趋势的极端表现，就是沉迷网络虚拟世界。

（3）网络文化的功能

第一，网络文化具有信息传播功能。网络文化发挥着巨大的信息传播功能，有服务受众、影响受众的效果。网络文化的出现和发展，拓宽了信息传播的广度和深度，打破了人类传统的信息传播形式，它既可以实现面对面传播，又可以实现点对点传播。这种传播将人际传播和大众传播融为一体，融合了单向传播和双向传播的特征，形成了一种散发型网状传播结构。在这种传播结构中，任何一个网结都能够生产、发布信息，所有网结生产、发布的信息都能够以非线性方式流入网络之中。凭借这种技术上的优势，网络文化将信息传播的交互性和个性化特征发挥到了前所未有的程度，把政治、经济、科技、文化、生活、娱乐等信息传播到了社会各个不同的领域。网络文化具有传输速度快、吞吐量大的特点，由于其自身拥有储备丰实的资源库和庞大的信息量，大大提高了网络文化传播的有效性和及时性。

第二，网络文化具有舆论导向功能。网络文化的舆论导向功能是指网络文化通过对新闻等各种信息的选择、解释或评论，把受众的注意力集中到当前社会最为重要的事件上去，并提出相应的解决方案和策略。网络文化可以给大学生提供一个多维的发展平台，大学生从中可以获悉最近发生的大事件，可以在网络上和网友沟通交流，通过吸收别人的意见，优化自己的思想。另外，通过对舆论的干预和引导，网络可以形成一个好的舆论环境，对维护整个社会的稳定、促进民族团结、深化社会主体思想等具有重要意义。

第三，网络文化具有文化传承功能。网络文化的文化传承功能是指人们创造性地传承中华文明，使中华优秀传统文化得以传承发展下去。文化是人类社会实践活动和认识活动创造的物质财富和精神财富的总和。人类所具备的物质生产力和精神活动能力世世代代发展起来，人类所创造的物质成果和精神成果可以世世代代积累下来，这本身就是人类社会的历史传承过程。文化传承实质上是一种文化的再生产，是一个民族的自我完善过程，是权利和义务的传递过程，是民族意识的深层次积累。中华民族具有五千多年的文明史，缔造了博大精深、辉煌灿烂的中华文明。实现中华民族的伟大复兴，不仅取决于其生产力的巨大发展和丰富的物质材料，更取决于民族文化和文明的传承与发扬。在经济全球化过程中，保持鲜明的文化个性，延续民族文化传统，既有利于国家的完整和独立，也有利于人类文明的未来发展。网络文化作为新兴文化，在文化传承上发挥了很大的作用。网络文化的建设可以借助它对于信息的强大传播功能，及时有效地弘扬优秀传统文化，有利于大学生更好地传承和发展优秀传统文化。

第四，网络文化具有教育教化功能。网络文化的教育教化功能是指网络文化通过网络媒介对大学生的思想道德观念、行为方式进行引导和规范。网络文化的教育教化功能不是指强迫性的情感归化，它是一种软性力量，能使注重人情义理的人伦秩序与大学生的心灵情感水乳交融，并以此来规范大学生学习和生活的各个方面，它是基于某种统一的、系统化的思想价值观念体系产生的规则和标准，是形成社会凝聚力、维护社会稳定的内在动因。网络文化的教育教化功能表现在两个方面：一方面是帮助大学生提升个人的精神境界，使大学生的精神面貌发生深刻的转变；另一方面是可以发挥其得天独厚的优越条件，通过对网络文化的调控和掌握，对大学生进行良性的引导，传达给大学生最先进的文化理念，使之积极参与社会精神文明建设的各项活动。

（二）根据校园文化的层次标准进行分类

根据校园文化的层次标准进行分类，可分为四类：物质文化、精神文化、制度文化、行为文化。其中，物质文化是实现校园文化建设的途径和载体，是推进校园文化建设的必要前提；精神文化建设是校园文化建设的核心内容，也是校园文化的最高层次，是校园文化建设的最高追求；制度文化作为校园文化的内在机制，是维持高校正常秩序必不可少的保障机制和保障系统；行为文化则是一所高校精神文化的有效载体。校园文化建设旨在为高校树立起完整的文化形象，就像写散文，要求形散神聚，而"形散"就是指高校的外在状态，"神聚"则是指高校的校园文化，即精神内核。

1. 物质文化

校园文化建设的目的是培养优秀的人才，而物质文化则是达成这一目标的手段和工具，同时也是推进校园文化建设的基础。在校园文化建设中，物质文化建设是不可或缺的，它是校园文化建设的重要支柱。校园物质文化是指校园文化的实体构成部分。每一个在校园中存在的物品及其相互关系，都是对某种教育理念的体现。

高校基础设施的完善有助于教育界开展多样化、富有教育性质和趣味性的活动，为大学生、教师及员工创造一个适宜的场所。这样，在课堂学习之余，师生、员工都能够在一定程度上得到更全面、综合、有趣的教育启迪，满足他们在知识、审美和娱乐方面的需求。完备的设施、科学的布局、独具特色的建筑和场所，会让人感到心情愉悦。

2. 精神文化

在校园文化中，精神文化是其最为重要和高级的组成部分。校园精神文化主要表现在校风、教风、学风及人际关系等方面。

①校风建设。实际上，校风建设就是校园精神的塑造，校风反映了校园的整体氛围。校训、校歌、校徽和校旗是校风的重要象征。一种优秀的校园文化会具备强烈的影响力，让不符合校园氛围要求的人在心理和行为上感到无形的压力，从而让校内人员的凝聚力不断增强，形成一种和谐的群体心理状态。优秀的校园文化可以激发校园成员的内在动力，激励他们不断进取。一个良好的校风有助于校内成员心理的健康发展，使他们免受不良心理倾向和行为的影响，有效地避免各种不健康的心理和行为的干扰。

②教风建设。教风指的是教师通过长期的教育实践形成的一种个人教育特点、方法和态度，它是教师综合素质的体现，包括道德品质、文化知识水平、教育理论、教学技能等方面。若想加强校风建设，必须注重教风建设，包括工作作风建设。因为高校是培养人才的地方，教师是人才的培养者，在"三育人"（管理育人、教书育人、服务育人）的过程中扮演了重要角色。教师只有建立了实事求是、艰苦奋斗、勤政廉政、团结协作、高效严谨、服务周到、细心耐心的工作作风，以及为人师表、教书育人、治学严谨、认真负责、耐心细致、开拓进取的教风，

才能引导和促进大学生形成勤奋学习、积极向上、严谨求实、尊师重教、遵纪守法、举止文明的优良学风。

③学风建设。学风是指大学生在集体学习过程中所表现出的治学态度和方法，是他们在长时间学习过程中养成的学习、生活、卫生和行为习惯的综合体现。和校风、教风一样，优秀的学风对于提升高校的教育教学品质、促进大学生人格品质的发展与完善，以及培养大学生成为德、智、体、美、劳全面发展的接班人有着至关重要的意义。

④人际关系建设。高校内的人际交往包括校领导之间的交往、校领导与教职工之间的交往、教师之间的互动、教师与大学生之间的互动，以及大学生之间的互动。优秀的高校人际关系可以帮助教师、学生之间更紧密地合作，从而形成一个团结优秀的集体，发挥更好的整体效应。

3. 制度文化

制度是定国安邦之本，文化是国家和民族之魂。一个国家选择什么样的国家制度和国家治理体系，是由这个国家的历史文化、社会性质、经济发展水平决定的。优越的制度不是"飞来峰"，有效的治理源于文化滋养。制度是高校的文化契约，是师生共同遵守的活动准则。《现代汉语词典（第7版）》中对"制度"一词的解释有两条：一是要求大家共同遵守的办事规程或行动准则；二是在一定历史条件下形成的政治、经济、文化等方面的体系。从理论上讲，高校制度文化是校园文化的重要组成部分，是高校各项规章制度、岗位职责、工作流程等在制定和执行中反映出来的价值取向，是包含师生的价值观、行为理念在内的精神成果，是高校管理思想、管理制度及管理模式的表现形式。

制度文化是各种有形的规章制度与无形的规章制度的结合与统一。无形的规章制度指的是广大师生思想观念上的、道德认识水平上的、价值观念上的共同行为准则。这种无形的行为准则是广大师生在长期的教育和学习实践中形成的自觉的规范要求，它通过舆论导向来约束、规范、引导大家的行为。构建以人性化的管理制度为主要内涵的高校制度文化是教育发展的需要，是时代发展的需要，更是大学生发展的需要。高校要明确导向、大胆创新，采取各种有效措施，大力构建制度文化。

4. 行为文化

行为文化既包括校内师生和员工的生活方式、行为方式、思维方式，以及在此基础上形成的校风、班风、学风等，也包括多种形态的文化、体育、娱乐活动。

行为文化可以分为校领导、教师和大学生的行为文化。行为文化常常表现为校内师生和员工在工作和生活中形成的行为模式，是校风、班风、学风的核心，也是高校价值观和办学理念的动态体现。行为文化是观念文化的外化，它是一所高校精神文化的有效载体，相对于精神文化的"虚"，它有"实"的特点；相对于物质文化的"静"，它又有"动"的特点。行为文化是校园文化的晴雨表和"活文化"，是对精神文化的诠释，是对制度文化的检验，是对物质文化的丰富，它在校园文化中发挥着不可替代的重要作用。

（三）根据校园文化的呈现形态进行分类

根据校园文化的呈现形态，可将校园文化分为以下两种。

1. 显性文化

显性文化就是高校外显型的文化，是指直接具有观感效果的文化形态，它主要包括以下内容。

①校园建筑。大学生在不会"说话"的校园建筑里学习、活动，校园建筑的外形、色彩、装饰等有其特征，它能够"说话"，它能够育人，能与师生"互动交流"，具有潜在的育人功能。

校园的一草一木、一山一水、一桥一亭、一廊一室都是基于校园文化的内核而设计的，当师生身处设计精美合理的校园场景中时，会自觉产生一种学习、成长、发展的冲动。

②校园仪式。升旗、入团（队）宣誓、教学成果颁奖等仪式，是高校教育的一个组成部分，同时也蕴涵着十分丰富的教育激励价值，能体现出校园文化建设的内在要求。

③校园活动。独特的校园活动也是校园显性文化的一个重要组成部分。活动育人，实质是活动文化育人，它的育人效果较为明显。

2. 隐性文化

高校校园隐性文化是指内涵于教学、科研、管理等环节中的非知性的文化传统、大学精神、人文理念、价值观念等，潜移默化地影响、塑造着校内师生和员工的精神风貌、思维方式、行为准则。具体来讲，高校校园隐性文化主要包括以下几个方面。

（1）校园精神

一是校园科学精神与人文精神。21世纪是知识经济时代，人类社会进入了一个全新的发展阶段，经济迅猛发展，科技日新月异，这些都给我国高等教育的发展带来了前所未有的机遇，也给其发展带来了巨大的挑战。为了响应时代的要求，我国的高等教育需要使科学教育与人文教育相融合，使科学精神与人文精神协调发展。

科学精神是指人在对知识、真理的执着追求上，具有献身科学、追求真理、实事求是、忠于实验结果的科学态度；百折不挠、开拓进取的奋斗精神；尊重自然，尊重科技价值的人文情怀。大学生要爱科学、学科学、用科学、尊重科学；要探索真理、坚持真理、实事求是、勇于为真理献身，这是科学精神的最好体现。科学在人类发展中占有重要的地位，在马克思看来，科学是一种在历史上起推动作用的、革命的力量。[①]科学的重要作用要求人们必须重视科学研究、提倡科学精神。高校作为科学的殿堂，是科研人员进行科学研究的地方，因此，科学研究始终是高校教育的主流，探索科学真理和倡导科学精神是每一个高校的价值所在。

人文精神关注的是人类与自然、社会、科技及其他人之间的互动关系，致力于探寻人类生存的根本问题，关心人类的命运，它是帮助人们成为更好的人，找到符合人类需求的生活方式，以及确认民族和个人的生存意义、价值和精神追求的一种思想和准则。为了跟上时代潮流、把握时代脉搏，大学生必须在校园中培育人文精神。人文精神不仅能够帮助大学生认识到他们所负有的社会责任，还可以创造一个促进个性和人格成长的氛围，从而使大学生全面发展。

二是校园创新精神。创新精神在本质上是指一个人从事创新活动、产生创新成果、成为创新之人所具备的综合素质，其具有综合性、关联性和发展性特点。创新精神主要体现为开拓进取、勇攀高峰。创新精神要求大学生要在发扬中前进，在继承的基础上创新，要抢抓机会而不靠讨要，要开拓进取而不因循守旧，努力开创新局面。创新是一个民族进步的灵魂，只有创新才能实现社会的快速发展。《关于深化教育改革全面推进素质教育的决定》明确指出，以培养学生创新精神和实践能力为重点，造就德、智、体、美等方面全面发展的社会主义事业建设者和接班人。此外，《中华人民共和国高等教育法》中也明确规定，高等教育的任务是培养具有创新精神和实践能力的高级专门人才。高校要把高层次创造性人才的培养作为人才培养的目标，把全新的教育思想注入人才培养的各个环节中去。

三是校园理性精神。理性是人的本性，既是人所独有的特性，又是人类普遍的共性，它表现为人自觉调节和控制自己行为的能力。理性精神是理性的具体表

---

① 孟海贵.科学是一种革命的力量［J］.前进，1999（12）：30-32.

现，追求真理、崇尚科学、提倡实事求是、推崇自觉自立等是其核心价值观和典型特征。理性在人们的日常生活中具有重要的地位，21世纪是知识经济的时代，知识经济对当前社会文化建设提出了更高的要求，因此需要人们具有一种科学的理性精神。而高校作为为21世纪培养高级人才的重要基地，就更需要一种理性精神，并用它培育一代又一代符合现代化建设需要的社会主义事业建设者和接班人。

四是校园民主精神。民主精神是中国现代化的一个重要目标。在深层意义上，民主不仅是一种社会政治、一套政治运行方式，还是一种精神生活方式、精神品格和精神特征。[①] 作为一种生活方式，民主精神基本原则就是个体自觉尊重集体的行为。民主的精神是现代人必须具备的品格与素质。高校作为培养高素质人才的重要基地必须树立正确的民主精神、形成良好的民主作风。

（2）校园观念

一是大学生的世界观。世界观是指人们对待所处的世界及自身与这个世界的关系的根本态度和看法。所有健康的人都拥有一种独特的世界观。我国的高校通常会对学生进行形势和政策教育，以此引导大学生正确认识社会发展中出现的变化和新的挑战，凝聚团结力量，共同为实现社会主义现代化建设而奋斗。形势和政策教育使大学生具备了用马克思主义的立场、观点和方法来分析形势的能力，如正确认识主流和支流、本质和现象、局部和整体、眼前利益和长远利益等。当前大学生世界观的主要导向是对国际形势的关注，对国家前途和命运的关心，对社会政治民主的拥护，积极支持党和国家制定的各项方针和政策。

二是大学生的人生观。人生观就是人们对人生目的和意义的根本看法和态度。我国高校作为培养社会主义建设者的重要基地，十分重视对大学生进行共产主义人生观的教育和培养。

三是大学生的价值观。价值观指人们对人生目的和意义的评价和认识。当代大学生应有的价值观主要表现为追求有价值、有意义的生活，对善恶是非有自己的评价标准，能够同国家和社会的价值取向保持一致，能够自觉地追求自我价值的实现。

（3）校园人文理念

校园人文理念是在高校发展过程中形成和发展起来的，它经过长期的历史积淀，有着稳定而丰富的内涵，体现了高校对人的价值和生存意义的终极关怀，同

---

① 李维.高校学报与校园文化漫议［J］.齐齐哈尔师范学院学报（哲学社会科学版），1997（6）：122-123.

时又以价值观念和行为规范的形式约束着校内人员的行为，显示着高校不同于其他机构的气质特征。人文理念主要是指高校所弘扬的在处理人与自身、人与他人、人与社会和人与自然的关系中所持的正确的观点和态度，主要包括以人为本、尊重大学生的主体性、完善大学生的人格三个方面。

第三节　高校学生管理工作的重要意义

一、高校学生管理工作是建设和谐校园的必然要求

构建和谐社会是党中央的战略部署，而和谐校园建设则是满足高校内在发展需求的一项关键任务。随着高等教育的普及，高校招生人数急剧增加，教育规模逐渐扩大，教学方法也变得更加灵活，但教学硬件和师资等方面的配套设施没有及时跟进，导致了高校师资短缺和资源不足等问题普遍存在。这也造成了高等教育教学质量和数量上的两难抉择，这与创造和谐校园的要求是相悖的。只有长期坚持并推进高校教育改革，才能解决这个问题。

在推进高校教育改革的过程中，大学生是最为积极的参与者，如果缺乏他们的积极参与，校园和谐就无从谈起。高校学生管理者能够激发大学生的内在动力，使其增强主体意识，这是创造和谐校园的重要因素。维护和谐校园的重要工作之一是学生管理，只有通过不断强化高校学生管理工作，推动学生管理制度的科学化和伦理化，确保管理的公平和公正，才能够保障高校秩序稳定有序，持续深入推进和谐校园建设。

二、高校学生管理工作是完成高校教学任务的根本要求

我国的高等教育机构有着重要的职责，即培养具备实践能力和创新思维的高层次专业人才，推动科技文化的进步与社会主义现代化建设。因此，高校是我国实现科教兴国的强大力量。在高校，管理工作是不可或缺的，它是高等教育教学的核心之一，其重要作用在于执行国家教育方针，以促进高校稳步发展并培养未来的社会主义事业建设者和接班人。

三、高校学生管理工作是大学生健康成长成才的内在需要

教育除了向大学生传授科学知识，还能塑造大学生的优秀品格品质。高校应

当注重全面培养人才,使大学生在思想道德和科学文化素质方面得到全面的提升。随着社会迅速发展,大学生会更频繁地接触社会,表现出积极向上的态度,他们具有更强的自主性、选择性,多数大学生渴望提高自身素质、发展自己的特长并追求幸福生活。然而,有一些大学生在不同程度上存在着理想信念不够坚定、诚信意识不够强烈、社会责任感欠缺、缺乏艰苦奋斗精神和团结协作观念等问题,这是不容忽视的。高校学生管理工作的初衷和使命在于借助教育管理服务的手段,启发、激励、引导学生并逐步协助他们实现愿望。只有通过持续改进高校学生管理工作,高校才能将党和国家的外在要求与大学生的内在需求相结合,将外在要求转化为大学生的内在需要,将外部压力变成内在动力,进而促进大学生正常成长和成才。

四、高校学生管理工作是确保校园安全和稳定的迫切需要

高校的核心工作是培养人才,而为了实现这一目标,保障校园的安全和稳定是必不可少的基础条件。改革和发展的基础在于保持稳定。只有保持高校的稳定,方能顺利地推进高校的改革和发展。高校和社会之间有着紧密的联系,大学生的就业稳定是关乎整个社会稳定的重要因素。想要让校园一直保持稳定的状态,就要注重长期使用相对稳定的治理方案,其中一个重要基础和关键方法就是持续强化和改进高校学生管理工作。

五、高校学生管理工作是推动高等教育改革的需要

自改革开放以来,我国高等教育事业获得了巨大发展,培养出了无数优秀的人才。但是,由于受到多方面因素的影响,高等教育与社会主义事业的发展仍在一定程度上存在脱节现象,这就导致了在高等教育的发展过程中,高校必须立足于我国社会主义建设的发展现实,积极对高等教育的思想、内容、方法及管理工作等进行改革。事实上,有效的高校学生管理及其改革能在很大程度上深化高等教育改革。

六、高校学生管理工作是适应社会法治化进程的需要

随着社会的不断变革,社会法治化进程不断加快。大学生的法治意识和维权意识也在不断提高。然而,传统的高校管理思想和管理体制有些落后,导致高校学生管理工作在实际运作中不可避免地出现了一些新旧观念碰撞、价值矛盾和权利冲突等问题。传统的高校学生管理工作正在适应社会法治化进程带来的变化,

经历着深刻的变革。高校学生管理者需要采用法治思想和理念解决实际问题，建立并优化高校管理机制，确保高校管理秩序规范有序，尊重和保障大学生的权利。因此，必须加快推进大学生管理制度改革，根据《普通高等学校学生管理规定》等法律法规修改和完善高校学生管理规章制度。

只有不断加强和改进高校学生管理工作，高校才能建立起符合时代发展趋势和大学生特点的全新管理理念。同时，高校需要不断扩充和改变管理内容，采用更为先进的管理方法。只有确立以学生为中心的管理观念，不断更新管理理念、管理机制和管理方法，才能更好地实现高等教育目标，保持高校稳定，开创高校学生管理工作新局面。

第四节 高校学生管理工作与校园文化建设的关系

一、校园文化建设对高校学生管理的促进作用

（一）校园文化建设有利于激发高校学生管理工作活力

高校活动的缤纷多彩、灵活多样为校园文化建设提供了教化、规范、启发大学生的重要途径。娱乐性文化活动不仅可以激发大学生的兴趣爱好，缓解其精神压力和消极情绪，还能帮助他们树立参与管理的民主意识。此类活动可以提高大学生的组织管理能力，扩展他们的视野。通过参加文化活动，大学生可以得到文化熏陶，进而形成良好的道德品质。这不仅对学生的个人成长有着重要的意义，同时也能够对其人生观和价值观产生积极的引导作用。

因此，文化活动不仅满足了大学生对文化的渴求，对大学生的心灵健全更具有重要的价值。此外，熏陶性文化也能够满足大学生丰富多样的艺术、情感、精神层面的需求。改变语言表达方式，即将校园管理由严格规定转变为更加温馨人性化的管理方式，让大学生感受到"归属感"，能激发出大学生更多的自我管理动力。这种管理方式不会让大学生感到压抑，反而能够使他们更加积极地参与管理工作。

（二）校园文化建设有助于提升高校学生管理工作效率

多数大学生年龄都在 20 岁左右，生理上已普遍成熟，已具有较强的自我意识和活跃的思维，心智已经达到相当成熟的程度，其世界观、价值观和人生观也

已经比较稳定。然而，一些大学生感性相对于理性更加突出，表现出情绪的两极性，情绪也易于波动。此外，大学生倾向于情绪化，由于在家时习惯了父母的保护，这些大学生对现实世界缺乏了解，也没有经历过太多的困难和挫折，因此解决问题能力相对较弱。但同时，他们内心渴望获得成功，贪求速成，缺乏毅力和奋斗精神。校园文化建设，寓管理于校园文化建设活动中，变有形的管理为无形的管理，用无形的氛围去影响和引导大学生的心理，这更易于获得大学生的认可。这种校园文化建设的方式有利于提高高校学生管理工作效率。

二、高校学生管理工作对推动校园文化建设的作用

（一）管理环境和人文环境的塑造有助于校园精神文化的发展

高校的校园内部和外部环境都非常独特，使大学生拥有了不同于其他人的生活方式。高校的特殊管理体制、教育理念、规章制度及办学目标等构成了独具特色的管理环境。高校人文环境是由校内外的文化因素构成的，这些因素包括师生的态度、观念和对高校的认知。高校的人文环境由办学理念、校训、师德师风、学风、校歌、校史等要素构成，这些要素是高校独特的精神文化建设成果。高校应将办学理念体现在突出校园特色、以学生为中心等方面。高校发展的原动力在于其校训，如果校训优秀，它可以在内部增强团队凝聚力，同时在外部塑造良好的形象。高校的教风是一种精神状态，它体现了教师的教学理念，深刻地影响着校园环境。创造一个舒适宜人的管理环境和人文环境对于培养学生积极向上的心态、发展校园精神文化至关重要。

（二）管理理念和教导方式的转变有助于校园行为文化的完善

即便高校领导班子十分优秀，硬件条件十分优越，师资力量十分强大，但如果大学生缺乏朝气和活力，校园也难以充满活力。考虑到大学生的思想理念、生理素质、价值导向和思维方式等独特因素，高校校园文化不同于其他文化，其建设可以看作创造一种人文环境和文化氛围的过程。在这样一个以大学生为主要建设者的人文环境和文化氛围中，积极推进管理理念的发展，采用更加开放的教学方法，可以促进人际关系、生活方式和由大学生参与的各种活动的发展。这也将成为校园文化的主要特征，为高校校园各个方面的建设增添生机和活力。

（三）管理制度和运行机制的形成有利于校园制度文化的构建

首先，作为校园文化的重要组成部分，制度文化的建设需要遵循科学、可操

作、相对稳定等原则，并注重建立激励机制、完整的管理制度。

其次，要有效地开展宣传和教育工作。在制度实施之前，高校要通过多种途径积极引导师生的思想倾向和舆论态势。一旦制度实施，就要积极宣传其目的和意义，组织师生学习具体规定，并详细解释其内容。

最后，要认真贯彻执行。制定规章制度后，高校必须认真贯彻执行，在实施过程中务必做到"从严，严格执行""求细，详细入微""与人为善，注重人情味"。管理制度的落实可使校园活动变得有条不紊，更加规范化。

就建设目标而言，高校学生管理工作和校园文化都旨在培养出高素质的人才，具有一致的、共同的学生培养目标。此外，高校学生管理工作需要考虑奖惩和评优评先机制。常言道，没有目标就没有动力，没有动力就没有行动，因此在人才培养过程中，高校必须逐步引导大学生接受校园文化熏陶，包括最高目标、价值理念、校风、传统习惯、行为规范及规章制度。

校园文化在增强全体师生的凝聚力、塑造良好校风、培养"四有"新人等方面有着至关重要的作用。通过实施一系列的奖惩制度和评优机制，不仅能够激励优秀大学生，同时也能够规范其行为。这不仅能提高大学生自身的人文素养，促进高校学生管理工作的开展，而且还有助于打造和谐的校园文化氛围。

第二章 高校学生管理工作现状

高等教育作为我国学生教育的最重要阶段，是培养人才的关键阶段，担负着十分重大的职责和使命。我国社会正快速发展和转型，高校要聚焦于德才兼备的优秀大学生人才的培养工作。新时代的高校学生管理工作已取得了一定的进步，但是在实践中依然存在不少亟待改进的问题。本章围绕高校学生管理工作取得的成绩、高校学生管理工作存在的问题及原因展开研究。

第一节 高校学生管理工作取得的成绩

一、教育法治化建设日益加强

随着时间的推移，教育法治化建设的重要性越发凸显。教育法治化是建设法治社会的重要组成部分，同时也是教育自身发展的必然趋势。由于民主、法治意识逐渐普及，民众权利意识不断增强，高校学生管理工作思路、模式和方法已经不能适应当前形势的变化和发展了。随着社会法治化建设进程的不断推进，教育法律体系也正在日趋完善，学生的权利意识显著提高，不再单纯地接受传统服从式的高校学生管理制度。随着学生对自身权利和自由的需求不断增强，他们希望高校能够更好地保护他们的权益。如果他们发现自己的权利诉求没有得到公正处理，或未获得应有的权利，他们会采取各种方式来争取自己的利益，这使得高校学生管理工作的权威性受到了前所未有的挑战。

二、高校学生管理工作体系初步形成

近年来，随着高校学生管理工作的不断发展与深化，其管理职能正在不断扩大。许多高校设立了以学生处、团委、教务处、招生就业处和总务处等部门为基

础的学生管理委员会，其主要职责是协调校内所有与学生相关的事务。为了强调学生管理委员会的多样性功能，很多高校又设立了学生心理咨询室等活动中心。每个院系设立一个学生工作领导小组，通常由一位副院长专门负责学生管理工作，另外有领导和专职辅导员共同实施学生管理工作。在许多校园中，学生会分为校级、院级和系级三个层次，旨在引导学生进行自我教育、自我管理和自我服务。

三、高校学生管理工作中服务育人的理念开始形成

在我国教育方针的指引下，高校学生管理工作越来越多地借鉴了思想政治教育学、高等教育学、高等教育管理学及心理学等学科的研究成果，其为高校学生管理工作提供了更加丰富的理论支撑。在实践中，对学生的特点和思想进行研究已经成为高校学生管理工作的重点。这种工作要求高校学生管理者考虑学生的心理需求，尊重他们的利益，并采取以服务为本的管理理念。

四、高校学生管理工作有了相对独立、较为系统的内容体系

随着社会的不断进步和高校内部管理体制改革的深入推进，以及学生特点的日益多样化，高校学生管理工作的具体内容也日益丰富和多样化。例如，伴随弹性学分制度的实行，学生班级结构日益淡化，宿舍、社团等新的教育场所开始备受关注，成为学生成长的重要阵地；学生自主择业实践活动推动了就业指导、职业规划、就业信息收集和发布等服务项目的产生。学生面临着经济、学习、就业和人际交往等方面的压力，导致心理问题愈加凸显，因此，高校学生管理工作必须更加注重心理辅导和咨询的工作。如何提高管理的民主性，扩大学生的参与度，已经成为高校学生管理工作的一个新课题。高校学生管理工作已经初步发展出了一套具有规范性、指导性和服务性的较为完整的内容框架。

五、高校专职辅导员队伍建设取得了一定成效

为了加强高校学生管理工作，各高校通过多种方式来招募专兼职辅导员，以此扩大辅导员队伍的规模。此外，高校还积极鼓励和引导专职政工干部继续深造，这样可以有效改善专职高校学生管理者的学历结构；教育有关部门和地方教育机构还积极举办了相关专题培训和研讨会，如"心理咨询培训""新上岗辅导员培训""思想政治教育理论研讨会"等，旨在进一步提高高校学生管理者的理论水准，使得高校学生管理队伍的建设取得了一些成果。

第二节 高校学生管理工作存在的问题及原因

一、高校学生管理工作中存在的具体问题

（一）缺乏来自社会各界的支持

我国大多数高校在对学生实施管理的过程中，往往并不会刻意去关注学生家长及社会的要求，也不会去征求社会各界的意见，学生、家长及高校三方并不能很好地形成合力，来共同帮助学生成长。高校往往也很少去借助社会上的力量来为学生的成材创造良好的条件。例如，从社会上聘请精英人士来为学生举办讲座，担任荣誉辅导员等，让他们为学生的人生规划提供指导，为学生观察和了解社会打开新的渠道，让学生有足够的动力去提升自我。另外，高校也应当加强与企业的交流与合作，为学生建立固定的实践基地，借助社会的力量来办学。

（二）高校服务型管理机构较少

我国正在加快高等教育的改革步伐，各项改革措施正在不断落实，一些高校开始拥有自主招生的权利，高等教育正在朝着宽进严出的方向发展，并且相互之间的竞争也越发激烈。高校学生管理工作水平的高低也会成为学生选择时考虑的因素。因为这在一定程度上也代表着一所高校的整体管理水平，会对办学质量产生重要的影响。目前我国高校服务型管理机构较少，高校应当结合实际多创办一些能够为学生提供服务的机构，如就业指导服务中心、心理咨询中心等，不仅为学生提供各种他们需要的服务，还应当在管理工作中体现出以人为本的理念，为学生的顺利成长与成材创造良好的学习、生活环境。

（三）学生管理模式缺乏创新

我国高校学生管理模式大多是主从管理模式，即高校是管理者及教育者，而学生是被管理者及被教育者，这是之前长期实行的计划经济体制所导致的，高校的安排计划及规章制度远高于学生的个人需求。实际上，高校学生管理工作的核心是为学生提供服务。但目前在我国的很多高校中，这种管理理念并未牢固树立起来，还有不少高校仍然按照旧的管理模式运行，学生的个人需求并未受到重视，这对他们自我意识的建立及成长极为不利。高校突出了规章制度

的严格性和统一性，这在很大程度上限制了学生创造力的发挥。

（四）学生管理体制不完善

目前很多高校采用的仍然是传统的管理体制，管理工作的行政特色十分明显。通常，高校都是按照普通事业单位的模式来设置职能部门的，机构设置较为冗杂，工作效率难以提高。在管理体系的构成上分别设置党务和行政部门，将思想教育与行政管理分离开来。思想教育体系主要包括校团委、团总支学生工作部等，行政管理体系主要包括院学生工作办、学工处。一些高校的学生管理工作机构庞大，效率较低，人员疲于应付繁杂的事务，无暇专心于学生管理工作。随着社会的飞速发展，经济体制改革的不断深化，各领域改革的全面推进，高校的职能需要与时俱进，跟上发展形势。高校要将办学的目标确立为向社会输送合格的人才，对不合时宜的管理体制及模式要及时摒弃，建立健全与时俱进的高校学生管理体制，从而提升自身工作效率。

（五）学生管理制度不健全

1.以管理为中心，学生管理者考核制度不完善

立足考核视角，有些高校主要考察学生管理者在政治立场、思想品质、工作作风、职业道德等方面的表现，以德、能、勤、技等为主要考核内容。评估学生管理者对政策的理解和运用、管理和服务能力，以及开拓创新能力等方面的表现。评估工作表现，包括是否秉持敬业精神，遵守高校办公纪律和规章制度等。评估包括但不限于衡量是否履行了其职责、工作任务完成的质量和效率、达成的成果，以及为团队做出的贡献等因素。学生管理者的绩效考核缺乏一个完整的量化标准，仅仅以扣除考核分数为前提，缺乏奖励机制，这使得考核过程往往过于形式化，从而导致学生管理者的工作效率和积极性降低。

2.以教师为中心，学生管理考核制度不完善

教师在学生管理方面过于强调自己的重要性，不制定针对学生的有效考核机制。常规管理方式往往采用"命令式"下达指令，限制了学生的主动性和创造力。这种管理形式不符合学生的需求和期望，可能导致学生的自尊心受到伤害，从而影响管理目标的实现。学生管理考核制度存在很多未被完善的方面，使得对学生的教育和管理工作变得杂乱无章，给高校学生管理工作带来了许多困难。

3.以考试成绩为重点，学生综合素质考核欠缺

目前，大多数高校在评估学生的综合素质时，通常将学生每学期的期末考试

成绩作为核心，将学生的出勤率和考试成绩视为评估学生学习态度和学习能力的关键指标。传统的评估体系已过时，它没有与时俱进，与教育目标相距甚远。评估标准只由教师制定会导致评估结果的不公正性和片面性，无法对学生进行全面评估，也不能确保学生在全面发展方面受到充分的关注和指导，也无法充分地激发学生的潜力。

（六）学生管理职责尚不明确

目前，很多高校尚未明确学生管理工作的职责划分，这项工作内容繁多复杂，涵盖领域广泛。作为管理层中的基层人员，辅导员的职责非常广泛，既包括对学生思想与行为方面的指导，也涉及专业技能训练和就业辅导等方面。高校的学生管理工作充满挑战，需要管理者承担许多任务并在工作中保持高度的职业责任感。许多辅导员反映，不管是关于学生的大小事情还是职责范围之外的事情，学生一般都会寻求他们的帮助来协调和解决。然而，有些方面的学生工作超出了他们的能力和职责范围。换句话说，有些事情不能仅仅依赖某一类型的学生管理者来处理，如为学生规划职业生涯和提供就业指导，这需要由专业的就业指导教师来承担。不过，在实际工作中，这项工作通常落在了辅导员的身上，他们可能缺乏相关专业知识，这不仅会增加他们的工作量，而且会影响学生管理工作的质量。

（七）学生管理理念有待优化

1. 以学生为主体的理念得不到充分体现

高校应引入以人为本的管理理念，将学生置于教育管理的核心，将学生作为最重要的管理对象。然而，研究表明，大多数高校的学生管理工作并没有充分体现以学生为主体的理念。这是因为学生管理者在学生管理方面存在着一定程度的主观性和随意性。此外，高校也没有为学生提供表达意见和提出建议的平台。由于缺少获取学生需求的途径，高校和教师难以了解学生真正的需要，从而导致信息不对称。这使得学生管理工作目标与学生需求发生偏差，进而影响了管理的效果。

2. 服务学生意识薄弱

一些基层学生管理者（辅导员）与学生干部的关系不够紧密，对普通学生的了解不够深入，与学生交流的机会较少。许多学生管理者在与学生接触时比较被动，未能充分发挥服务意识，且在深入了解学生方面还有所欠缺。

（八）学生管理模式单一

身处信息化时代，高科技日新月异，互联网及移动网络的普及，使得学生可以通过多种渠道来搜寻自己感兴趣和需要的信息，而在过去这些信息都需要通过课堂教师的授课来获取。可以说，过去传统的管理及教育模式已经不再适应新形势发展的需要。面对这种情况，高校的学生管理工作需要及时调整和改进，使管理模式更加高效、更加科学。

目前，我国很多高校在学生管理工作上所采取的管理模式还相对单一，管理者需要结合新形势的要求寻求更加有效的改革措施。

（九）高校管理队伍建设需加强

如今，在信息教学技术不断发展的背景下，高校越来越重视培养一支高素质的教师队伍。在高校学生管理工作中，建设管理干部队伍和教师队伍都是非常重要的。这两支队伍的质量和管理水平，对于贯彻执行党的教育方针、提高高校的办学水平和效益，以及实现人才培养目标都具有至关重要的作用。因此，高校不能忽视任何一支队伍的建设工作。建设一支高效、精干的高校管理队伍，充分发挥其整体决策、计划、组织和控制等职能，是保证实现国家科教兴国战略，培养具备实践能力和创新精神的高级人才，推动科学技术发展的关键。然而，相较于在教师队伍建设方面的投入和关注，高校在管理队伍建设方面明显存在滞后的情况，并且该领域也存在着许多问题。

1.高校管理队伍专业化程度不高

专业化高校管理队伍是指一批掌握高校管理专业知识、具备较高的专业工作能力的职业化管理队伍。这样的一批队伍是实现高校管理专业化的保障，并且会对高校教学与管理工作的效率和水平产生直接的影响。建设一支专业化的高校管理队伍也是高校实现科学管理的途径，有利于高校管理效能的提升，而科学管理能够有效促进管理者职业生涯的发展，促使管理者的创造性和积极性进一步提高。由于对高校管理工作的重视不够，目前管理者在专业化建设方面存在着诸多的问题，主要表现在：缺乏现代化管理观念，管理理念陈旧，缺乏科学的管理知识，习惯凭借个人经验来进行管理工作；管理者知识结构不合理，与教师队伍相比其学历水平普遍偏低，使得学生的凝聚力和管理者的威信力受到影响；管理者专业学术水平低，专业知识不足，降低了为教师队伍提供服务的水平；管理队伍职业化水平低，管理队伍中的大部分人员都不是专职人员，他们没有受过系统的训练，不能适应高校的管理工作。

2. 高校管理队伍建设缺乏科学的管理制度和机制

当前，在一些高校管理队伍建设过程中，还有应用传统观念和方法的现象。部分高校已经习惯于应用以往的方法进行信息化建设及信息化管理，且无法对具体的机构设置及人员编制中存在的问题进行及时解决。

首先，各高校都在积极推动人事制度的改革，在此背景下实施的分岗位设置管理制度使得管理干部的积极性受到了影响。管理岗位与专业技术岗位相比，发展的空间狭小，晋升的机会较少，而且由于工资待遇是按照职员职级来确定的，管理岗位的待遇要相对低于技术岗位。其次，目前的考核制度很难对管理干部的能力做出全面准确的评估。对管理干部进行考核的一般形式有民主推荐与测评、个别谈话、请群众评估等。在定量与定性方面缺乏科学的指标，导致考核内容模糊笼统，结果大同小异，难以激发管理干部的责任心。再次，管理干部流动与竞争选拔的机制不健全。高校内部存在着管理干部能上不能下、能进不能出的现象，因此管理干部在高校中往往处于静止状态。而与此同时，不同高校之间或者高校与党政机关之间的交流也非常有限。不少优秀管理干部，由于高校对外交流闭塞，而内部消化能力又不足，不得不在同样的职级上工作多年，挫伤了其工作积极性。最后，高校的用人选人机制也不健全。由于还未制定出系统的、切实可行的竞争性选拔管理干部的具体措施和办法，有些优秀人才往往得不到发展的机会。

3. 教学管理信息化建设经费投入不足

高校教学管理信息化建设是一项重要且庞大的工程，在此工程的建设过程中，不仅需要推动基础设施建设进一步加强，而且需要促使教学信息资源建设进一步发展。在教学管理信息化建设的初始阶段，往往需要很多的资金，高校就需要准备一定的经费作为保障。但在我国很多高校当中，都存在办学经费不足的问题，这样就会导致教学管理信息化建设工作无法落实，相关管理队伍的管理水平也无法得到有效提升。

4. 高校管理者个人综合素质有待提高

首先，高校管理者个人素质问题体现在政治素质方面，即从事高校管理工作必备的政治立场、观点和品质。一些管理干部的理论知识不够深厚，学习主动性和自觉性不强，在思想道德与党性觉悟方面也有些不足。

其次，高校管理者的管理理论水平不高，对高校管理规律缺乏认识和研究，学习能力不强，缺乏创新意识，不能适应新形势下管理工作的要求。

5. 中层管理者处于非职业化管理状态

在高校教学管理当中，中层管理者承担的责任比较大，他们往往是各个部门的领导，肩负的任务是比较多的。特别是教学部门领导，不仅要做到"上情下达"及"下情上传"，还要保证相关工作的有效组织和落实；不仅肩负着履行管理职能的任务，也肩负着加强教学科研的任务。所以，中层管理者必须起到比较好的带头作用，保证高校教学和科研工作及时落实。

高校中层管理者往往是业务型专家，具备比较高的学术造诣。但在具体的高校信息化管理当中，部分中层管理者自身的管理知识和方法并未得到应用，只是一味凭感觉进行管理，长此以往会大大降低高校信息化管理工作的水平和质量。

6. 重使用，轻培训

在高校管理岗位上的管理者，拥有不同的职业背景，没有接受过管理学、教育学方面的基本理论培训，而且缺乏必要的继续教育机会。在这种情况下，高校要重视管理者的再培训，并促进知识的共享和传承，因为他们在日常管理中忙于烦琐事务，一年又一年地凭借有限的经验进行管理，甚至通过师傅带徒弟的方式进行"传、帮、带"，未能运用现代方法来适应高校建设发展的要求，管理水平不足。

（十）高校学生管理工作环境闭塞

高校学生管理工作的目的在于促进学生的全面发展，为他们未来的成长奠定基础。为了更好地达成高等教育目标并贯彻高校学生管理工作的核心理念，改变和规划那些"闭塞的环境"是必要的。在高校学生管理工作中，管理者通常会采用规章制度和榜样引领等手段，过度干预和塑造高校学生管理工作环境。这些手段通常是积极和正面的，但忽略了真实的生活情况，使得校园环境与现实生活、社会环境相脱节。实际上，阻断社会环境，孤立地开展高校学生管理工作是不可取的。

随着网络的广泛普及和高校校园网络设施的不断完善，学生现在已经成为网络社会的主要群体。网络时代的兴起使学生形成了新的社会生活方式，而社会生活方式的改变也对学生的思维和行动产生了深远的影响。这也导致了现有高校学生管理工作成效较低。人的本质是一切社会关系的总和。高校学生的身份也不应局限于学生这一单一角色，他们不可能永远待在校园中，也会走向社会。因此，高校学生管理工作依赖的工作环境必须是开放的。学生想要掌握社会生活规范，就需要积极参与社会生活，并且不断积累与人打交道的经验。只有通过亲身体验、实际接触生活，才可能真正掌握、理解生活的本质。因此，高校应避免在虚拟环境中纵容学生自我娱乐，而是要以开放的态度积极推动高校学生管理大环境的建设，让学生回归现实生活。

（十一）高校学生管理工作存在的法律问题

近年来，随着我国教育法治化建设的逐步完善，高校学生管理工作的法治化建设也有了一定的进展，但是当前其法治化建设的状况并不乐观，面临的问题是复杂和多方面的。下面将从两个层面分析高校学生管理工作的法律保障问题。

1. 高校外部条件方面的问题

一个事物的发展取决于它所处的整个环境的发展状况，而单独强调某一特性的发展可能会带来破坏性的后果。例如，植物要想生长良好，必须依赖天然的土壤和降雨，而不能仅仅通过添加化学激素来促进其生长。这种单一的种植方法往往会改变植物本身的特性，导致植物失去了自然生长的状态和随生长而产生的功能。

（1）高校法律法规政策贯彻落实不到位

当代高校学生会成长为中国特色社会主义事业的建设者，他们是高校学生管理工作的服务对象。对于如何协调推进高校学生管理工作的法治化，高校需要特别强调依法治校工作的重要性。根据法治理念，依法治校的基本目标是引导高校主体根据国家法律法规进行教学管理，保护学生的合法权益，并依照法规对学生进行管理。然而，许多高校在制定内部规章制度时，往往忽视了高校师生的参与和建议，因此导致决策过程缺乏民主性和科学性，使得高校管理的透明度大大降低。有些高校过分强调专业知识的传授，而忽略了对学生进行法律知识的传授。高校学生管理工作必须遵循法治化的原则，这需要高校师生共同遵守法律规定和高校的规章制度。由此看来，高校普法力度不足成为影响依法治校的重要因素之一。

（2）高校法治化管理机制不健全

当前，一些高校在制定规章制度时存在越权现象，导致高校内部规章制度与社会现行法律规范发生冲突，说明高校法治化管理机制尚不健全。在遵循现行法律法规的前提下，高校把规章制度视为内部管理的基础。但是，有些高校没有全面审慎地考虑规章制度是否与现行法律规定相一致，扩大了规章制度的适用范围，超出了法律法规所允许的范围。只有建立完善的监管机制，才能确保依法治校理念在高校得以顺利实施，推进高校学生管理工作法治化的进程。高校学生管理工作的法治化不是个别管理者的使命，而是全体师生的共同使命。因此，每个高校都应该积极鼓励全体师生参与学生管理工作，同时参与高校的民主监督工作，以促进学生管理工作的法治水平不断提高。尽管有些高校采取了程序上必要的监督措施，但仍存在尚未明确民主监督管理机制的情况。此外，这些高校也经常容易忽视相关的实际问题及来自师生的意见和建议。尽管某些高校已建立民主监督机构，但由于监督流程、职责分配等不够明确，导致大多数监督机构在实际运作中没有发挥应有的监督作用，形同虚设。

（3）学生处罚程序不够透明，缺乏民主监督

目前，一些高校的学生处罚程序缺乏透明度，没有充分保障学生的知情权、参与权、陈述权、申诉权、申辩权和救济权等合法权利，并且缺乏民主监督的体制和渠道。此外，不少高校设有法学院，专门传授学生法律知识并培养法律专业人才。然而，这些法律知识的传授仅限于法学专业学生，未能惠及整个师生群体。另外，还有一些高校缺乏法律教育课程，导致学生的法律素养无法提高。因此，高校学生管理工作的法治化，仍然是一项较为困难的任务。

2. 高校文化建设方面的问题

文化具有流动的性质，文化的载体是交流渠道，它源于个体的认识和意志，会在一定的场域中形成个性的或者共性的倾向。

文化建设的本质是塑造一个场域的网络，将其内部的个体囊括其中，并对其产生影响或制约。文化所在的场域是构建于人的基本活动之上的，如人的衣、食、住、行、育等。从文化建设的本质上看，文化建设的作用是对场域中的个体产生一个多维度、多层次的影响，这种影响由个体内部的心智状态向外部的表现形式转化，然后从外部的表现形式内化到个体内部的心智状态，并通过这样的方式在场域的网络中形成一种复杂交错流动的网络。由此可见，文化建设对人的影响是多层面的，对个体外部的表现形式和内部的心智状态施加双重影响。

在高校学生管理工作中，法治文化建设是其法律保障的重要组成部分，也是依法治校的构成要素，其作为一种校园文化建设的手段，有利于促进高校学生法律素养的提升，与高校学生管理工作法律保障的外部条件和内部要求相互补充、相互作用。法治文化是指一个国家或民族对于法律生活所持有的以价值观为核心的思维方式和行为方式。由于"德治"和"礼治"极大地影响了我国的传统文化，因此法治文化在中国的传承上是有缺失的。追根溯源来讲，我国需要根据本土文化的特点，构建一个更符合区域发展需要的法律保障文化体系。目前，高校学生

管理工作的法律保障面临的主要难题包括制度文化不完善、廉洁文化不到位、高校法治文化氛围不浓等方面。

（1）制度文化不完善

首先，在制度文化方面，未能充分体现法治的内涵和精神，尤其是在法律至上原则、权力制衡、公平正义、人权保障和社会和谐等方面存在缺失，导致在实践中没有严格遵循法律至上的原则。其次，人们没有充分重视制度文化中的民主性，导致在确定制度内容和实施制度的各个阶段，参与各方的参与度较低。再次，制度文化的内在稳定性较低。高校的制度文化是经过长期积累形成的，并不易于改变，但一旦领导层发生更替，就可能带来重大变化，从而导致制度文化的自我发展受到影响。制度文化的自生长性是指当群体形成了一定的积极良好氛围时，在法治环境的作用下，这些氛围会自然而然地促进制度文化的自我发展。如果领导层只进行主观臆断而不进行实际调研，很可能会破坏这些积极氛围，这将阻碍高校制度文化的良性发展。最后，制度文化的认同度不高，缺乏师生基础。高校制度文化是多层次的，包括正式的和非正式的，院系的、各个职能部门的，这样容易形成多头管理的局面，缺乏系统性；在制度制定和实施的过程中，高校忽视了师生作为制度文化建设主体的重要作用。制度文化的建设是自上而下的，若缺乏广泛的群众基础，师生对制度文化的认同度就会变低。

（2）廉政文化不到位

随着我国对高等教育的重视程度逐渐提高，高等教育的质量逐步提升，其规模不断扩大。与此同时，高校的自我管理能力也在不断增强。就正面意义而言，廉政文化激发了高校的主动性和积极性，可促进高校进一步发展。如果从消极的角度看，"权力"可以说是一把"双刃剑"，用在智者的手中会发挥显著作用，用在愚者的手中便是一种"灾难"。若个别人被权力、金钱所诱惑，沉迷其中，就会失去本应具备的良知和责任心。

（3）高校法治文化氛围不浓

在我国两千多年的封建社会当中，儒家思想作为统治者的工具，对民众的意识形态和文化进行了一定的控制。从历史发展的角度上来看，儒家思想在一定程度上对维持社会的稳定帮助较大，而其缺点则是阶层意识和人治思想较重。而我国明确提出依法治国的方略①，这从根本上确定了未来我国在制度和文化上的发展方向。

---

① 林木明.依法治国背景下高校学生管理法治化实现路径［J］.闽江学院学报，2016，37（3）：131-137.

建设社会主义法治文化是依法治国的重点工作之一，高校则是培养法治公民的重要场所。高校进行法治文化建设的目的是让学生掌握法律基础知识，通过实践让学生逐渐形成法律意识，最终成为具备法律素养的合格公民。高校是一个重要的法治文化传播场所，它对学生的熏陶具有明显而积极的效果。但是，我国的高校法治文化氛围还不够浓厚，表现在以下几个方面。

第一，法治文化和育人功能相剥离。部分高校在法治文化的建设过程中，往往只是在一些学生走动较多的地方张贴宣传性的标语，如走廊、楼梯、餐厅等，这些标语的可读性差，致使法治文化的建设只是流于表面，而无法满足其深层次的发展要求。目前关于法治文化的活动相对较少，因此无法真正发挥法治文化的育人作用。高校只有让法治文化在学生间传播流动，才能发挥法治文化的育人作用。

第二，学生在法治文化建设方面的参与度有待提高。许多高校很少给学生们提供参与法治文化建设的机会，高校的法治文化建设方式主要是管理者张贴宣传标语和组织法律咨询，但是很少有人会主动咨询法律方面的问题。这种法治文化建设模式未充分重视学生的主体地位。学生应当是高校法治文化建设的中心，但在现实中常常容易被忽视。

二、高校学生管理工作存在问题的原因

在管理工作中，人是管理的主体。在高校学生管理工作中，学生则是管理的主体。高校学生管理工作存在诸多问题，特别是管理理念、管理体制、管理模式等方面的问题，其原因分析如下。

第一，不够重视学生的主体性是根本原因之一。高校学生管理工作无论是管理体制还是管理观念都不够重视学生的主体作用，没有真正地以学生为本。

第二，相较于欧美国家，我国高等教育的教育服务功能没有得到应有的重视，高校依然把培养学生技能和传授其知识作为教学重点，这就导致高校中缺少服务型管理机构，教育模式也比较单一。

第三，我国高校的教育和技术服务跟不上时代发展的脚步，与社会相脱节。这就造成社会资本难以流入高校，管理经费缺乏，高校也不能很好地利用社会资源，教学活动缺少社会力量的参与。

第四，当今时代的独特性给高校学生管理工作带来了巨大的挑战。随着社会主义市场经济的发展，人们的思想和生活方式发生了改变。以前，高校的学生可以通过好好学习获得校方分配的工作。但现在，经济成分多样化、就业形式多元

化、社会收入分配差距拉大等因素改变了学生的思想和行为方式。由此，传统的学生管理体制也难以适应新的形势。随着网络技术不断更新和经济全球化趋势的加深，学生获取信息的方式变得更加多样化，接触到的社会思想也更多。这使得学生的思想更加复杂、多样和多变，同时也增强了他们的主体意识。因此，现代高校学生管理工作必须紧跟时代发展，采用先进的管理模式，而不能停留在过去信息匮乏时代的传统管理方法上。随着经济全球化的发展，国际经济、政治和文化联系日益加强。为提升高校的教育和研究能力，开展国际学术交流活动、与中外合作办学日益常见。这些活动涉及的对象日益多样化，有许多学生被派往海外学习，还有许多前来留学的海外学子。这种复杂的学生组成形式为高校学生管理工作带来了很大的挑战，也考验着高校学生管理者的工作水平。

第五，制度和体制方面存在条块分割，缺乏有效的激励机制。健全、完善的学生管理制度是做好高校学生管理工作的重要保障，也是做好高校学生管理工作的基础。一直以来，我国高等教育管理都依赖行政管理理念和思维，并在管理实践中构建以行政为中心的内部治理结构。这种以行政管理为核心的治理结构和管理理念实际上是一种纵向的行政命令链条，以此为基础的管理目标和任务经过层层下派往往会失真，同时在下派过程中也会融入不同层级管理者的主观意志；同时，中层和下层管理者基于自身利益考量也会想方设法变通上级命令文本，以减少自身管理责任与负担。这种纵向行政命令手段实施的直接后果则是形成了条块分割的行政管理体制。条块分割的管理体制最大的弊端是各自为政，缺少横向与纵向的合作与协调，不利于组织目标的实现，我国一些高校现有的学生管理体制就是如此。

第六，个体价值定位与利益诉求不同。每一个人都有自身独有的价值定位与利益诉求，不同层次的管理主体之间，以及管理者与被管理者之间的价值定位与利益诉求都是不同的。

在高校学生管理工作中，以校领导为代表的上层管理主体主要负责制度制定与重大学生管理问题决策，其主要目标是从整体上维护校园秩序、促进高校立德树人目标的实现；以校学生工作处、校团委教务处和后勤部等单位主要负责人为代表的中层管理者负责制定和执行具体的学生管理与服务政策，如开展政治教育、道德教育，负责全校学生日常管理与行为规范教育；以班主任和院系辅导员为代表的基层领导者则在学院分管领导的带领下，制订总体工作规划和执行具体的学生管理工作。这些不同的利益主体会基于自身价值定位和利益诉求有选择性地执行管理活动，必然造成不同层级管理者管理目标的冲突，进而让高层领导者确立的目标无法实现。即使在高校学生管理工作实践中确立和推行了目标管理技术，也不会得到全面执行。

第七，辅导员职业定位不明确。管理队伍的专业化程度是高校学生管理工作水平的重要影响因素，也是提高管理效率的基础。然而，我国高校学生管理队伍的核心是主要负责思想政治教育的高校党政系统干部，缺乏具备较高的学生管理能力与素质的专业化队伍。其中，辅导员和班主任是一线执行学生管理任务的主体。但当前中国高校辅导员在教育体系内的地位和位置并不明确，辅导员的职业定位非常模糊。

总之，当前的高校学生管理工作还存在着种种复杂的问题，为了更好地做好高校学生管理工作，高校必须对学生管理工作进行优化和创新。

第三章　高校学生管理工作理念与模式

培养人才是高校的一个重要使命，学生这个主体在高校管理中受到的关注越来越多，地位越来越高。在高校面临社会政治、经济、文化等各方面转型的大背景下，传统的高校学生管理工作理念与模式暴露出了很多问题，因此有必要推动其创新发展。本章围绕高校学生管理工作的理念、高校学生管理工作的模式展开研究。

第一节　高校学生管理工作的理念

新时代背景下的高校学生管理工作是一种真正意义上的自主管理，管理者必须树立引导学生、为学生服务的观念，学生也应该具备良好的管理素养，积极参与高校管理。高校必须改革促进文化和知识传播的方式，把学生的创造精神激发出来，促进其健康成长。

一、开放管理理念

中国的高等教育应该做到开放和包容。开放的高校学生管理工作是高等教育开放化的一个重要方面。新时代，高校学生管理工作需要遵循科学发展观，建设和睦共融的社会主义校园，宣扬社会主义核心价值观，以应对新的挑战。高校教育教学活动应该紧密围绕学生的学习和生活展开，致力于帮助学生在多元化的环境下形成思想上的共识，并在适应变化的过程中健康成长。只有采用这种方法，才能有效地改进高校学生管理工作。高校学生管理工作构建了一个具有特定功能的机构体系，开放性是其特点之一。学生管理系统的内部构建，以及内部与外部环境的能量交换和信息交流，是影响高校学生管理工作目标实现和任务完成的重要因素。高校学生管理工作的开放首先意味着高校内部各个子系统（教育系统、管理系统、服务系统等)能够相互合作,共享资源,进而提高资源配置和利用效率。这些子系统可通过理性提升、规范强化等方式实现开放。还有就是指该系统向外部开放,即向社会开放。高校应该发掘自身智力资源的优势,对社会产生积极影响,引领社会的发展,促进和谐社会的建设,提高学生管理水平。因此,在改革开放的历史背景下,为了做好高校学生管理工作,必须树立开放式的管理思想。

高校学生管理工作树立开放理念的基本要求包括以下几方面。

第一,应牢牢把握高校学生管理工作开放的方向。①高校要坚持用马克思主义中国化最新成果武装学生头脑、指导学生实践、推动学生进步,牢牢把握学生教育管理的指导权、主动权、话语权。②高校应该引导学生在党的领导下刻苦学习,为建设一个富强、民主、文明、和谐的社会主义国家而不断努力。③高校需要积极传承民族精神和时代精神,只有积极倡导并贯彻这些精神,才能确保学生保持坚定向上的精神状态。④高校要深入理解社会主义荣辱观的科学内涵,认识到它与社会主义市场经济、社会主义法律规范和中华传统美德之间的深层联系,充分领会其先进性、广泛性和群众性这些内在特点,从而推动社会主义道德体系在学生心中扎根。

第二,强调高校学生管理工作开放的引领作用。高校首先要知道思想政治理论课教学在学生管理中扮演着重要的角色。教学需要有一定的方法,但并没有固定的教学方法,教学的成功在于找到合适的方法。为了更好地满足学生的认知特点,高校教师需要持续不断地拓展教学手段,强化实践教学环节,深入研究课程,确保学生在学习中能提出新的观点;传达学生所关心的内容,提高教学的针对性和实效性。其次,高校必须一直坚守思想政治教育的核心地位,秉持与实际、生活、学生贴近的理念,将学生公寓打造成集思想教育、行为引导、生活服务和文化熏陶于一体的"第二课堂"。积极建设思想政治教育主题网站,在综合运用技术、行政和法律手段的基础上,推动校园网络管理进一步加强,促使在校园网上传播有害信息的行为得到有效遏制。增强网络管理和网络评论员队伍的建设,有效监测校园网络舆情,引导网上舆论走向正确方向。

第三,高校要有效地组织党团活动、开展丰富多彩的校园文化活动和创新创业活动、举办各种体育赛事,以此引导学生在参与活动的过程中接受教育、培养才能、做出贡献。

基于开放理念的高校学生管理工作必须坚持教育与自我教育相结合、教书与育人相结合、解决思想问题与解决实际问题相结合、政治理论教育与社会实践相结合、继承优良传统与改进创新相结合、教育与管理相结合。就管理而言,还应坚持采用严谨且科学的管理方式和手段，注重依法管理和民主管理的有效结合。高校要按照依法办学、依法管理的要求，建立起学生维权工作机制，使思想教育与维护学生权益工作相统一，提高学生的权利和义务意识，使学生的各种权益得到切实维护和保障，凡是办理有关学生的事务，制定出台涉及学生切身利益的政策、规定、程序，都必须通过一定渠道听取学生的意见，做到公开透明，真正建立起维护学生权益的服务体系。

二、无边界管理理念

"无边界管理"一词最早是由美国通用电气公司前首席执行官杰克·韦尔奇提出的。[①]无边界管理理念是一种基于计算机网路的新型管理理念，它打破了传统的组织边界限制，旨在促进信息、经验和技能的对等共享，以激发人的创新意识并提高其工作效率，从而实现各项工作的顺利推进和完成。无边界管理理念的实施旨在打破内部等级制度的限制，实行无限制的管理模式，将权力下放到基层，让那些身临其境且对结果直接负责的人做出决策。只要绩效优秀，无论职位等级如何，都能获得相应高水平的报酬。高校很适合采用分散权力的管理模式，因为这种管理模式可确保高校各级别工作人员之间共享信息，了解高校发展现状和发展策略，注重所有教职工的培训和职业发展；可弱化高校各职能部间的界限，提倡协作行动，让人事、教学、科研、社会服务等部门相互融合，形成一个有机互动的系统。所有部门都应围绕着学生展开工作，以同样的标准对待他们，确保高校在学生面前呈现出一个可靠的整体形象。

三、民主化管理理念

目前，高校学生是一个具备较高素养的特殊社会群体，他们对事物的认知方式与众不同，不喜欢被管理者通过命令来进行管理。因此，应该在高校学生管理工作中注重民主观念。在高校学生管理工作中，学生应被视为最重要的主体，高校必须以学生的利益为出发点，在所有决策中考虑到学生的福祉与需求，爱护学生、理解学生、尊重学生，努力营造平等、民主的育人氛围，构建科学的管理发展模式。此外，高校应该让学生参与管理活动，共同决策，达成共同的目标，进而实现管理者和被管理者之间的合作。为了保障学生权益和自由发展，高校需要创造良好的民主环境，并为他们提供科学民主的参与管理的平台，以推动高校学生管理工作的民主化。

---

① 许佳佳. 无边界管理下的边界重构 [J]. 企业改革与管理，2007（1）：40.

提高学生自我约束、自我调节的能力，从被动地接受管理转变为积极主动地参与管理。这样管理者和被管理者之间就能够建立心灵上的联系，共同合作，达成目标。为了让高校学生得到全方位的成长和发展，高校学生管理工作需要注重民主观念的加强，强调独立意识和服务意识的培养。这不仅有助于弥补传统制度中存在的漏洞和不足，还可以推进高校学生管理工作的标准化、系统化和合理化，以全面提高服务质量和效果。这意味着高校应以服务为导向，从多个方面为学生提供支持，包括提供学习指导、改善学习设施和教学环境等。高校需要关注服务范围的广泛性和服务对象的多样性，以确保学生在民主环境中获得实际利益并维护自己的合法权益，从而实现全面发展。通过参加学生会团体、学生社团等组织，学生可以参与高校的管理工作，并能通过一系列的活动锻炼出自我教育和自我管理的能力。目前，我国高校在校园发展方面坚持倾听学生的声音，积极鼓励学生参与管理和监督，促进学生自律能力的养成。这样做的目的是鼓励学生以不同的方式参与高校的发展，尊重他们的民主权利，提高他们的责任感。

四、精细化管理理念

精细化管理主要是指将管理深入每一个流程，监控每一个环节，规范每一个步骤，落实到每一个人员。高校学生管理工作的一大显著特征是需要处理许多琐碎的事务。精细化管理恰恰与高校学生管理工作特性相匹配，因此，其要点在于从细节入手，在"实"上下功夫。

精细化管理一个极其重要的方面是强调"细"。"细"具有多重含义，一是规范，在进行学生管理时，严格遵守管理规章和工作程序，确保在制度约束下人人平等。二是科学，在进行学生管理时，善于利用现代化管理技巧和信息工具，积极研究和领悟学生管理工作的客观规律，实施科学管理。三是到位，在进行学生管理时，必须仔细考虑每一个环节，不能忽视任何一个微小的管理疏漏。四是明确，在进行学生管理时，要落实管理责任，就需要将管理职责具体化、明确化，并明确要求管理的过程应条理清晰、层次清晰。五是深化，在进行学生管理时，通过具体而扎实的工作，不断追求更高的境界和更高水平的管理，使高校的管理水平达到一个崭新的高度。

五、系统化管理理念

管理是针对某个系统或流程的控制和协调。系统化的学生管理指通过建立全面的模型和涵盖多个模块的综合方案，将学生管理视为一个包含学习机制、竞争机制、奖惩机制、决策机制、评估机制和反馈机制等多种元素的动态过程。学生管理工作是一个综合性的任务。除学生外，全校的教职人员也需要分担这一任务。为了有效地管理学生，高校需要高度重视这一问题，加强领导，齐心协力，形成合作力量，并始终坚持依靠广大教职工、学生政工干部和全体学生的积极参与来实现全员管理；需要考虑每个学生的年龄、性格和个人特点，对学生管理工作进行针对性的布置和实施，以支持和促进他们全面成长和发展；需要一直秉持"管理就是服务"的理念，并将观念的解放与解决实际问题相结合，为学生提供实实在在的帮助。各高校应致力于提升学生管理的人性化水平，以提升教学育人成效。

六、"以学生为本"的管理理念

教育的终极目标是推动人类社会不断发展，因此需要培养符合社会发展需要的人才。因此，高校学生管理工作的核心在于人的管理。在学生管理方面，高校需要倡导以学生为本的理念，关注学生的个性化发展，尊重学生的主体性、自主性和多样性，并且重视管理和服务思想的平衡，以确保学生管理的有效性。确立以学生为中心的管理理念，是开展高校学生管理工作的重要基石，也是高校在学生管理工作方面进行创新的基础。

首先，完全尊重学生的自主性。马克思认为，人始终是主体。[1] 同样，在高校学生管理工作中，学生是绝对的主角。高校学生管理工作需要根据学生的不同发展阶段，采取变化灵活的管理方式和方法。高校学生离不开管理者的教育和引导，他们是被管理的对象。高校学生管理工作应当树立以学生为核心的理念，重视学生的个性特点，最大限度地激发学生的主观能动性，使学生能够自愿配合教育、管理工作，并且自觉地进行自我教育和自我管理。

其次，强调以保护生命为中心的价值观。高校学生管理工作的起点和终点在于使学生成才。德国哲学家伊曼努尔·康德认为，人是目的而不是手段[2]，这强调了个体的自主性。因此，高校学生管理工作的重点是关注并满足学生的需求。只有遵循以人为本的价值观，高校学生管理者才能聚焦于人类命运的终极关怀，努力摆脱因工作而被异化的状态，积极参与活动并充分展现个人主体性，与他人共同营建和谐共进、全面发展的生存环境。高校学生管理工作的核心是人文关怀，即以服务学生、尊重学生、培养学生、激励学生和促进学生全面发展为

---

① 胡萍.试论人在社会生产力中的主体作用［J］.甘肃社会科学，1992（5）：69-70.
② 陈金全.人是目的而不是手段：康德法治论解读［J］.法学家，2005（3）：47-54.

根本目标。高校应该以学生为中心，充分尊重他们的人格、权利和创造性，满足他们的需求并适应他们的特点。

总之，在开展高校学生管理工作时，管理者要以友善的态度解决学生的问题，以取得更佳的管理效果。管理者需要为学生提供方向性和指导性的建议和意见，以帮助学生解决实际问题并维护他们的合法权益。

第二节　高校学生管理工作的模式

高校学生管理工作涉及学生的方方面面，包括学生的思想、心理、身体、学习、生活等诸多方面，对学生知识的摄取、品格的陶冶、个性的发展有着深远的影响。但是，高校扩招、教学管理模式改革、学生公寓管理社会化等一系列高校改革政策的实施，一方面使学生的思想行为发生了一系列的变化，另一方面给高校学生管理工作也带来了新的挑战。因此，探索适应新时代的高校学生管理模式成为必然。

一、高校学生人格化管理模式

人格化管理模式侧重于巩固和发扬学生所具备的良好品质，同时消除其不好的甚至是劣质的品质。这对于学生的发展和校园文化的兴盛至关重要。

（一）人格化管理模式的内涵

人格化管理着重关注人性因素，并致力于发掘人的潜力。人格化管理是一种以人为中心的管理方式，它强调管理的理念和方法必须始终以受管理者的需求和福祉为出发点，并且将受管理者视为整个组织的核心；它的核心在于充分认可和理解受管理者的个性特点和创新能力，积极地对其进行引导和激励，使其能够更主动、更积极、更有创造性地投身工作当中，从而更有效地实现组织的目标。具体而言，人格化管理可以包含多个方面，如对个体的尊重、有效的激励措施、提供各种成长和发展的机会。在同一所高校就读的学生通常会有一些相似之处。由于高校在底蕴等方面存在差异，导致高校形成了各具特色的"校园文化氛围"。在一个班级里，所有的学生通常会有相似的特点和表现，这些特点和表现会形成独特的氛围，形成"班级个性化"。高校的公寓里也会发生这种情况，称为"公寓个性化"。在高校校园中，还存在许多其他方面的个性化特征。"个性化"是从心理学的角度来定义的。

（二）人格化管理模式的内容

要贯彻高校学生人格化管理模式，需要从以下几个方面入手。首先，加强对规章制度的管理。其次，为学生提供一个优越的学习环境和氛围。最后，塑造积极向上的精神氛围。高校学生人格化管理能够全面把握学生的状态并发挥协调、规范和引导作用，属于宏观管理。为了增强高校学生人格化管理的管理效能，高校应该从领导层开始，加大在基础设施建设、教师队伍建设、学术建设等方面的投入，树立长远的发展目标，注重实际，追求真实，不可以急于求成，只追求表面上的管理效能。

二、高校学生温情化管理模式

（一）温情化管理的理念

管理者的管理理念对一个学生的成长来讲是非常重要的。管理者要树立正确的班级管理理念，坚持以学生为本，在学生面前树立师者风范，但同时又需和学生结交为朋友，拉近距离；在学生犯错的时候，不能一味地严厉，要适当地包容；在学生取得成绩的时候要毫不吝啬地给予鼓励和表扬。让温情的味道贯穿整个高校学生管理工作之中，让学生从管理者身上首先看到温情。

（二）温情化管理模式分析

在班级这一基层管理单元中，采用温情化管理模式通常可以取得更为良好的效果。在此，笔者将以班级为例，探讨温情化管理模式的应用与实现。

1. 亲情化是幸福的渊源

在大多数学生看来，幸福感大多源于温馨的家庭氛围。家庭是亲情的根源。高校从学生对家庭情感的重视中得到启迪：在班级管理方面可以运用亲情化的管理模式，将家庭中的亲情因素融入管理中。这样可以更加有效地管理班级。以对待家人的态度对待班级里的学生，让他们在班级中感受到家的温暖和亲切，让他们深刻感受到班级就是一个大家庭。管理者需要指导学生认识班级是一个大家庭，班级内的学生应该像兄弟姐妹一样相互扶持。

2. 友情化是幸福的扩展

友谊是一种非常重要的情感寄托，它在个人情感体系中既不同于亲情，也不亚于亲情。管理者与学生建立友谊可以拉近彼此之间的距离，同时还能帮助他们树立正确的友谊观。在传统学生管理理念中，师生之间关系存在一定程度的对立。

友情化管理的第一步是，管理者和班级学生建立起亲密友谊。这样，管理者就能更好地了解学生的兴趣爱好、价值观和内心需求，从而更好地管理班级。友情化管理的下一步是，指导学生建立正确的友谊观念。管理者需要帮助班级学生认识到什么样的人才是真正的朋友，并且明确真正友谊的含义。真正的好友能够在你需要倾诉时倾听你的故事，在你需要支持时给予你无言的关爱，还会关注你生活中细微的变化。尽管友情无法比拟亲情，但它同样能够持久地存在，拥有真正的友谊也会让人感到特别幸福。

（三）温情化管理模式的实施方法

1.语言关怀

语言是一门非常深奥的艺术，需要人们认真对待。除了说话的内容之外，人们也应该关注说话的语调，因为它是人际交流中的一种重要媒介。在和学生交流时，管理者应该用亲切的语言，给予学生更多鼓舞和支持，减少嘲讽和挖苦的言辞，增加一些表示尊重的词语，减少一些表现霸权的措辞，给予学生充分的肯定，让他们感到愉悦和满足。

2.行为关怀

如果将语言比作一项艺术的话，那么行为关怀也可以看作一项艺术。行为是个体通过实际行动向他人传达自己的思想观念的一种方式。管理者可运用各种形式的行为关怀来管理班级学生。幸福这个话题，有时它可以简单明了地讲述，但有时它也会让人晦涩难懂。管理者应该以学生的幸福感为重心，运用行为关怀的方式进行管理，这能给学生带来更高的幸福感指数，帮助学生轻松应对管理工作，让原本看似困难的事情变得简单易行。

三、高校学生社区化管理模式

随着高校社会化改革的不断深入，高校对高校学生社区化管理的重视度也应提升。学生社区应该成为培养德、智、体、美、劳全面发展的"四有"人才及管理育人、服务育人的重要阵地，应该是影响学生成长成才的重要环境和高校精神文明建设的窗口。因此，高校学生社区化管理应该成为高校改革的重点。有些传统的管理模式已不能适应高校的发展，高校学生社区化管理模式实施势在必行。从高校社区化管理模式的发展方向来看，不断完善学生社区的教育管理机制，积极探索学生社区管理的新思路、新办法，建立新型学生社区化管理模式是其今后发展的方向。

（一）高校学生社区化管理产生的背景

加强和深化高校学生管理工作，需要一种更切合实际、具有实效性的教育管理新模式。高校学生管理者必须根据变化的情况，及时调整工作思路，做出应对之策。面对高等教育日趋现代化和国际化的形势，特别是教育教学改革的不断深化和高校改革向纵深发展的新形势，高校学生社区化管理如何坚持社会主义方向，是一个值得认真研究和探索的重大实践课题。很多高校在开展党建与思想政治工作及日常教育管理工作方面，与时俱进、不断创新，探索出了一条符合形势发展要求和高校实际发展需要的学生管理新路子，即高校学生社区化管理。高校学生社区化管理是加强和深化新时代高校学生管理工作的有效途径。

为了克服高校持续扩招带来的后勤设施不足的困难，我国高校参考发达国家高校后勤社会化的管理体制，或引进社会资金，或集资联建，或贷款与集资相结合，大力兴建学生公寓，并推行了后勤社会化管理，较快速地解决了经费短缺的问题。但后勤社会化的同时也带来了高校管理的"二元化"问题，即对学生的学习实行的是与西方高校不同的传统行政管理，而对学生的生活却推行了类似西方高校的社会化管理，行政管理与社会化管理事实上是"两个体系"。高校学生管理工作面临的挑战是怎样将"行政管理"与"社会化管理"两个体系合二为一。在这种新情况下，高校学生社区化管理实施势在必行。

随着高等教育的改革和发展，特别是高校学分制改革的深入推进，传统的班级观念正在逐渐消失。基于班级的管理工作和主要工作实施渠道正在发生变化，社区已经成为学生学习和生活的核心场所。随着高校后勤服务社会化进程的推进，高校面临着一系列新的问题。例如，如何改善学生社区的环境与氛围？如何提升学生社区文化设施和管理服务的质量？另外，高校还需要思考如何改进学生社区管理模式以适应这些新变化。因此，高校学生社区化管理被提上了议事日程。高校学生社区化管理是适应当今时代要求的管理模式。

（二）高校学生社区化管理的作用分析

实施高校学生社区化管理不但可以较好地应对高校后勤社会化改革和教育教学改革给高校学生管理工作带来的新机遇、新挑战、新任务和新问题，而且能使学生党建与思想政治工作的着力点更明确、育人机制更健全，对学生的教育管理成效更明显。

高校学生社区化管理能够促进各高校、各级组织与学生之间的交流和情感联系更加密切。相较于传统管理模式，高校学生社区化管理通过政工人员和学生社区中的党团组织机构与心理咨询机构的工作，缩短了学生与组织间的心理距离，师生之间、学生与组织之间、学生与高校之间的关系也更加自然和谐。

（三）常见的高校学生社区化管理模式

1.单一高校学生社区化管理模式

在这类学生社区化管理中，学生来源单一，规模相对较小，管理容易到位。因此，随着社区党总支、支部、学生党员接待室、社区团组织、社区学生会、心理咨询室等的构建，从高校党委到社区学生公寓的完整管理体系就形成了，学生的问题都能得到及时、有效的解决。这类管理模式总的来说比较成功。

2.跨省（市）与同省（市）学生社区化管理模式

这类学生社区化管理的特点为社区规模大、学生人数多、基础设施可以得到有效利用。同时，由于学生人数多、涉及的高校多，管理上也容易出现漏洞。出现这种管理漏洞的原因主要是公寓管理不规范，或者是教学设施使用混乱。

事实上，同一个地区的高校在学生公寓的管理上是完全可以统一的，其教学设施也可以更好地得到利用。这里的管理漏洞，往往更多的是各个地区高校对学生管理要求的不一致、不统一导致的，有的高校管得严，有的高校管得松，这一严一松中，就可能出现管理上的漏洞，问题就可能从薄弱部分反映出来。

《普通高等学校学生管理规定》提到，任何组织和个人不得在高校内进行宗教活动，各高校都应当坚决执行。如何将这一规定严格认真执行是一个管理者需要研究的问题。过去个别高校中曾经出现过非法传播宗教的活动，而且这些活动往往是秘密进行的。如果高校学生社区化管理不到位，这种非法开展的宗教活动就可以从管理薄弱的学生社区入手，待时机成熟之后，再扩大规模。如果那时再来制止，就会花上更大的力气。因此，这类学生社区化管理模式需要解决的问题是如何在发挥规模效益的同时，避免由不同高校在管理制度上的非一致性而导致的管理薄弱环节出现。

四、高校学生公寓管理模式

高校学生公寓是学生日常生活与学习的重要场所，是培养和锻炼学生自我管理、自我教育、自我服务、自我监督能力，有效开展思想政治教育工作的重要阵地。因此，高校学生公寓管理模式是高校管理工作中的创新模式，务必高度重视。

（一）高校学生公寓管理模式的含义

高校学生公寓管理模式是指高校对全体学生公寓进行管理时所采取的组织形式和管理方式。高校学生公寓管理模式是对学生公寓进行系统管理的前提，它会受到社会制度、高校规模和高校管理体制等多种因素的制约。高校学生公寓管理模式是否恰当对能否充分发挥学生公寓的管理效能、全面实现管理目标有着重要的影响。因此，各高校都十分重视对学生公寓管理模式的探索。

（二）常见的高校学生公寓管理模式

在我国，当前常见的高校所采用的学生公寓管理模式大致可分为以下几类。

1. 学生自治管理模式

这种模式要求学生自己组织管理机构，负责公寓的安全、水电、公物维修、作息制度、卫生制度的制定和执行等，高校只给予学生理论上、方向上的指导和适当的经济补贴。这种模式中的主要管理机构是学生公寓自我管理委员会，该委员会的成员由广大学生推举产生，报经高校批准。该委员会负责各种规章制度的贯彻落实、各项工作的检查评比、各种违章行为的批评处理、各种服务设施的使用及维修等一切公寓管理活动。学生自治管理模式具有针对性强、灵活性强、效益高等优点，在理论上值得推崇和肯定。但实际推行起来往往因学生群体的自觉性不够，同时缺乏大批得力、素质过硬的学生干部而困难重重，因此只是在理论上加以肯定，在实际的高校学生公寓管理工作中却不常用。

2. 高校后勤部门管理模式

高校自成立之初，其学生公寓都是由管理者统一进行管理的，这种管理模式一直延续到后勤社会化改革才发生了变化。目前，有的高校还在沿用这种方式进行管理，具体来说，学生公寓管理由后勤部门负责，后勤部门下设学生公寓管理和服务中心，专门负责学生公寓的管理和服务工作。例如，北京大学的"学生宿舍管理服务中心"、山东师范大学的"学生公寓服务中心"，都是高校后勤部门的下设科室，负责学生公寓管理。

这种模式的优点在于针对性强，将学生公寓环境建设和硬件设施建设纳入后勤部门建设的整体规划中，其建设速度会加快；后勤部门设有专门的维修科室，服务队伍的专业性强，能够及时解决硬件设施损坏等问题。但是，部分后勤部门管理者紧跟社会发展步伐的能力有所欠缺，现代化办公能力不足，管理、沟通和协调能力较弱。

3. 学工部门管理模式

统一管理的一种模式是，学生公寓管理由高校的学工部门来负责。这种模式下，学工部门下设学生公寓管理办公室，专门负责学生公寓的日常管理和思想政治教育工作，后勤部门或者物业公司负责学生公寓的日常服务工作。这种模式能够有效发挥学工部门在教育学生方面的优势，能够很好地使思想政治教育融入学生公寓管理工作，而且可以将公寓文化建设、心理健康教育和咨询、职业生涯规划教育和咨询等很好地融入学生公寓的日常管理工作之中。另外，在这种模式下，学生公寓管理和服务工作相分离，容易导致学生公寓服务工作不能及时、快速地响应学生需求，对于学生的需求不能全面满足，再加上服务成本独立核算、自负盈亏等因素，在硬件设施建设和维护上相对容易落后，而且，如果两个部门沟通不畅，容易出现相互脱节、各自为政的局面。

4. 学生综合管理模式

综合管理以后勤服务总公司或学工部门为主管单位，学生公寓管理科或学生公寓管理中心为主要责任方，对后勤部门、安全保卫部门和学生工作部门进行职责分工，使其相互配合，共同做好学生公寓管理工作。在公寓管理过程中，行政管理、思想政治教育、咨询疏导等方法和手段应交错使用，以提高学生公寓管理的整体效能。管理的内容包括学生公寓的卫生、治安、秩序、日常维修等，通过管理使学生公寓内整洁美观，公共场所清洁卫生，房屋、设施、水电供应始终保持正常状况，公寓秩序井然有序。

管理者、服务者、治安保卫者应积极治理公寓环境，主动做好防火、防盗工作，及时预防和妥善处置突发事件，实现教育、管理、服务一体化。学生综合管理模式目前在我国高校学生公寓管理模式中较为普遍。在新形势下，伴随着高校后勤社会化的逐步完善，对于学生公寓如何更有效地发挥教育、管理、服务三项功能，不少高校都进行了有益的探索。

5. 外包管理模式

高校后勤社会化改革给学生公寓建设带来了新的发展机遇，随着学生公寓建设规模的扩大，高校原有的后勤部门可能不再能满足逐渐增加的学生公寓的管理和服务工作的要求。尤其是建有新校区的一些高校，无论是后勤部门还是学工部门，在人力上都无法满足新、老校区学生公寓的管理需求，一些高校开始委托社会上的物业公司或者建设学生公寓的投资方来满足学生公寓的管理需求，双方签订有关合同，而高校和物业公司是合同的甲方和乙方的关系，完全按照市场化的方式运作，实行的是与市场对接的管理和服务机制。

6. 校方和企业共同管理模式

在吸取前人实践经验的基础上，一些高校探索出了校方和企业共同管理模式。在这种模式下，高校成立学生公寓管理委员会，委员会下设的办公室有的在后勤部门，有的在学工部门。学生公寓的管理制度制定、床位分配归校方后勤部门负责；入住学生公寓的学生的思想政治教育工作由学生工作部门负责；学生公寓的服务工作外包给社会企业，一般是物业公司来负责。由校方后勤部门作为甲方和物业公司签订服务合同，实行的是高校各部门和物业公司共同管理的模式。

这种模式可以充分发挥高校职能部门和物业公司在管理学生公寓方面的优势，教育、管理和服务水平相对较高，是目前高校学生公寓管理模式中比较流行的一种管理模式。同样，这种模式需要多部门协调运行，如果协调顺畅，能达到"一加一大于二"的效果；如果协调不顺畅，也会出现管理工作上的阻力，容易发生相互推诿的情况。

7. "书院制"管理模式

土地资源紧张的地区，各所高校可供自己支配的土地有限，因此对于硕士生一般是不提供住宿的；对于本科生，不同高校的政策也不尽相同，很多高校仅在学生入学前一两年提供宿舍；对于博士生，很多高校按照抽签结果为三分之一左右的学生提供宿舍。土地资源紧张地区的高校学生公寓管理模式一般是"书院制"管理模式，学生公寓的设施很健全，设有自习室、活动室、洗衣房、厨房，配有冰箱、微波炉、燃气灶、电视等设施，学生公寓装有先进的门禁系统和电子监控设备。学生公寓文化建设丰富多彩，按照不同的书院有不同的风格，根据学生的需求开展活动，以体验式、创意型为主，吸引学生主动参与。学生公寓管理队伍专业化，很多高校实行了"舍监制"，教授、高年级研究生参与学生公寓的日常事务管理，与学生保持密切联系。学生公寓管理队伍分工明确，效率很高。

五、高校学生信息化管理模式

（一）高校学生信息化管理模式的优势分析

1. 有利于提高高校学生管理工作的效率

高校最主要的任务是为社会培养人才，在人才培养过程中，不仅要重视学生专业知识水平的提高，更要重视学生身心的健康发展，提高学生的整体素质。为此，贯彻落实这项基础工作，管理者需要做大量的辅导工作，深入学生的生活，对他们进行细心指导。要做好这些工作，离不开信息化管理的支持，高效的信息化管理能够让工作进展得更加顺畅。

为了使工作内容更加完善，管理模式更加科学高效，高校需要引进信息化管理模式，并积极运用到学生管理中。信息化管理模式之所以能够让工作开展得更加高效，主要原因是其信息化管理系统具有独特性，能够综合处理有关学生的各种信息，然后将信息公布在公共平台上，使每个人都可以轻松查阅到需要的信息。信息化管理系统在信息查阅方面具有突出优势，在很大程度上方便了高校学生管理工作，也促进了高校学生管理工作水平的提高。

在公共平台上，学生也可以查阅到与自己或集体有关的各种信息，如学生的考试成绩、在校上课情况、在校期间受到的奖励和处罚等情况。信息化管理系统的应用使高校学生管理工作更加顺畅，管理者能够很快地掌握学生所在班级、寝室、专业的各种信息。信息化管理系统中实时更新的数据还可以让高校学生管理工作更加有针对性，从而提高高校学生管理工作的效率。

2. 有利于实现学生管理资源共享

随着高校的快速发展、招生规模的不断扩大，高校学生管理工作的难度越来越大。因此，对学生管理资源进行共享，可以提高高校学生管理工作效率。高校学生信息化管理模式能打破传统的管理模式，从高校整体的角度出发，制订长期规划，并建立统一的建设标准。合并采购软硬件设备，不仅可以节约成本，还能避免资源浪费。高校需要提升管理者的整体素质，使其具备实现信息化管理的能力。为此，可以针对不同岗位的管理者开展专业培训，包括计算机基本操作、软件使用、故障处理、数据整理及相关业务知识等。

另外，可以根据管理者的专业背景恰当地分派工作岗位，以激发管理者的工作和学习热情。制定一套工作流程，明确每个工作的处理方式，并将其规范化，以避免不同人员因调动或岗位变动而采用不同的处理方式。各高校应不断改进信息化管理系统中的信息共享平台，以此提高高校学生管理工作的科学化、高效化和信息化水平，使高校学生管理工作具有时代特色。

（二）高校学生信息化管理模式的实施原则

第一，顶层设计原则。高校管理高层必须做好顶层的资源分配，让人、财、物能够各尽其能。在此基础上，从整体性出发，考虑整体目标与分项目标的关系，由此构成由上而下的一整套管理体系。

第二，系统性原则。高校学生管理工作既然是一个系统，其完成就不可能一蹴而就，且高校并非一个静态的整体，而是一个动态的整体。因此，要实现对每一个过程和环节的把控，必须一步一个脚印，兼顾现实性、短期性和长期性，不能操之过急。

第三，机密性原则。高校管理的对象是学生，为了使管理达到更好的状态，了解每个学生的必要信息是必要的，这也意味着高校需要承担起避免学生信息泄露的责任，要实现这一点，可以通过先进的技术手段，如区块链技术，保障学生信息安全。

第四，信息流动性原则。早期，受限于技术原因，高校内部信息沟通始终不能做到完全畅通，各个部门之间的协调也不到位。因此，管理者必须提升自身信息技术管理水平，让信息资源最大限度地实现共享。

第五，开放性原则。在互联网社会，信息较多，来源复杂，且实时性越来越突出。因此，高校必须搭建具有良好兼容性的信息平台，实时掌控各类信息。

（三）高校学生信息化管理模式的实施策略

1. 创新高校学生管理手段

（1）革新高校学生管理方式

高校应该成立信息化管理领导小组，设立管理目标，明确管理方法，进行项目管理。项目管理指在管理过程中以系统的方法和理论对项目进行科学有效的管理，以便更好地实现任务目标。在项目管理过程中，管理者需要根据高校管理需要，根据具体的需求进行流程策划、思路规划及方法选择。开展不同的项目，需要不同的软件，高校应该结合自身发展需求和学生需求进行软件选择，合适的软件有助于信息化项目的整体推进，也有助于提高管理效率。

针对信息化管理模式的创新及应用，高校应该对管理者严格要求，促使其积极转变管理思路，摒弃传统的管理理念及单向管理思路，更加注重整体的开放式网络管理理念，实施网络批量科学管理。在管理过程中，高校还应该重视现代信息化技术的合理利用，促使信息化管理模式创新，推动信息化管理途径进一步拓宽。

（2）提高管理者的素质

管理机制是固定的，管理机制作用的发挥需要依赖管理者，可以说从某种意义上来讲，管理者的素质是管理效果的决定性因素。提升管理者素质，有助于管理机制发挥更大效用。高校管理队伍应该由多层次的管理者组成，其不仅应该具备管理理论知识，也应该具备当今时代的教育责任感和使命感，还应该具备实际的管理工作经验，熟练操控管理系统及使用网络技术的能力、创新能力，能够以学生的需求为依据创新管理模式。

管理者的培养需要相关的管理体制加以保障，管理体制的存在有助于高校明确各项管理职责，梳理各项关系，激发管理者的主观能动性。除此之外，管理机制还应该包括培训机制。就培训机制而言，不仅可以促使管理者素质不断增强，而且可以保证管理者内部培训的实现，通过多样化的培训方式，促使管理者内部实现有效交流。同时，高校应该加强对管理者的技能理论培训，通过聘请有计算机和信息技术基础的人才，对管理者进行信息化产品培训，使管理者掌握计算机使用能力和使用知识，这有助于管理者的能力深化和能力提升，也能够促进高校管理组织更好、更快地发展。

（3）提升高校学生管理精细化程度

高校学生管理应该精细化，做好细节工作，追求精益求精；推动相关标准建立健全，使管理者严格执行工作要求。高校在应用信息技术的同时进行精细化管理，注重学生个性的发展，不仅可以实现整体高水平发展，还能促进学生全面发展。提高高校学生管理工作的精细化程度，是管理者的奋斗目标。

（4）完善高校信息化保护体系

高校应该完善信息化保护体系。信息保护有不同的等级，等级的高低取决于信息对于国家安全、对经济建设和社会生产生活的影响，或者是由信息本身的重要程度决定的。如果信息被泄露或者破坏之后对国家的安全、社会的稳定或者是国家公共利益会产生较大的危害，其保护等级也应是较高的。对信息进行相关保护，也是高校建设信息化平台的重要工作。学生信息具有隐私性，高校在建立信息化平台时必须注重保护学生的个人隐私，应该为信息化平台安装防火墙，配备安全检查人员，及时进行信息化平台维护。

信息化系统的使用应该有等级区分，不同等级的管理者能够进入的系统层次是不同的，给不同的管理者分配不同的系统账号。同时，应该设置清晰的职能权限，如非必要，职能权限不应该出现交叉和重叠；管理者要具备相关的安全意识，保护好个人账号信息和密码，以免信息泄露。

对于信息保护还应该设置惩罚制度，如果因管理者的个人主观疏忽或者是外来者的入侵导致信息泄露，高校应该对管理者或者入侵者进行相关惩处；如果存在学生盗用账号的情况，高校也应该惩罚相关学生。通过惩罚制度，可以反向促进管理者和学生对信息保护的重视，增强个人信息的安全性。

2. 创新高校学生管理技术支持体系

（1）加大硬件方面的投入

要真正实现高校学生管理工作的全面信息化，必须加大硬件方面的投入力度，不断完善高校信息系统基础设施。信息化建设的硬件基础包括计算机、网络配置等，都是高校学生管理工作信息化的物质前提。高校学生管理工作信息化要在国家相关管理改革政策的指导下开展，要以计算为核心、网络为基础、应用为导向、安全为保障，时刻关注信息产业的发展方向，不断寻求核心技术，以期取得突破。

高校学生管理工作信息化应尝试以建成的校园网为骨干，加强新信息技术应用，最终达到创新管理模式的目的。高校要依托各种信息化系统与技术，对信息化的实用性功能予以充分重视，主动整合自动办公系统与办公资源，并借助网络形式实现资源流转和共享。除了自身资金投入外，高校还要积极引入市场机制，通过与信息化企业合作，加大基础设施建设力度，从而全面提高高校学生管理工作的信息化水平。

（2）创新使用新媒体技术

新媒体是在数字化和信息技术支持下出现的媒体形式。通过计算机网络、无线蜂窝网和卫星等媒介，新型媒体可为人们提供数字化报纸、数字化杂志、短信、移动电视、数字化电影和触摸媒体等服务。新媒体可分为以下三个主要类别。

一是互联网媒体。互联网媒体指的是通过互联网而存在的各种媒体形式，包括建立在网上的网站、微博、网络媒体、网络广播和视频、搜索引擎、虚拟社区等媒体形式。

二是将手机作为接收终端的媒体形式。这种媒体形式包括手机报、短信、彩信、手机广播和电视。

三是以数字电视为基础的新媒体形式。这类媒体形式主要包括在车内播放的广播节目、车载移动电视及楼宇内的电视节目等。

当前，拥有强交互性、开放性和个性化特征的新媒体备受欢迎，代表性的例子包括微信和微博。许多学生早早就开始接触新媒体，而在高校中，新媒体的使用范围更广。因此，随着新媒体时代的到来，高校需运用新媒体手段进行学生管理工作的创新，探索新的工作方式，推动学生管理工作不断改进和发展。

第四章 高校学生管理工作制度与队伍建设

管理是伴随着人类社会有组织的活动的出现而产生的。凡有人群活动的地方，为了有序而又有效地组织生产、学习、工作和生活等活动，必须制定出能够调整人们相互关系的行为规范或行动的准则，这既是管理的需要，又是管理职能的具体体现。高校学生管理工作制度与队伍建设在一定程度上可以规范高校学生的行为。因此，建立一套系统而完整的高校学生管理工作制度和加强高校学生管理工作队伍建设是十分必要的。本章围绕高校学生管理工作的制度优化、高校学生管理工作队伍的建设等内容展开研究。

第一节 高校学生管理工作的制度优化

一、高校学生管理工作制度优化的意义

我国高校的规章制度是党的优良传统和社会主义道德观念、行为观念、行为规范（国家法规）、是非标准等在高校学生日常学习和生活等方面的具体体现，它是全体学生必须遵守的行为准则；是培养自觉的纪律性，培养共产主义道德品质和形成良好校风的重要手段；是实行科学管理，办好社会主义高校的重要保证。所以，建立高校学生管理工作制度，对高校具有特别重要的意义。

（一）有助于充分发挥学生的积极性

高校肩负着培养社会主义事业建设者和接班人的历史重任。为了完成这一光荣使命，就必须建立符合高校教育工作客观规律、现代管理原理的，充分体现党的优良传统、社会主义道德观念和行为规范的，系统的高校学生管理工作制度，使每个学生都懂得应当做什么、不应当做什么，应该怎样做、不应该怎样做。这样，就能发挥全校学生的积极性，形成一种远比个人力量总和大得多的集体力量。

（二）有助于校内人员建立正常的学习、工作和生活秩序

现在的高校，少则上千人，多则上万人，而且是一个多层次、多学科、多系统、多结构的综合体。高校要想把校内人员的智慧和力量组合起来，就必须在加强思想政治工作的基础上，建立起一整套的规章制度，使学生有"规"可循、有"矩"可蹈，使校内人员的学习、工作和生活井然有序。国家教育有关部门对高校学生管理工作非常重视，陆续颁布了与之相关的几项法律法规，近几年颁布的法律法规内容更加广泛、要求更加严格，为各高校制定管理制度提供了明确的指导。

（三）有助于培养学生高尚的道德品质，形成良好的学风

社会主义精神文明是社会主义的重要特征，是社会主义制度优越性的重要表现。思想建设决定着精神文明的性质。因此，高校培养具有马克思主义的世界观、共产主义的理想、信念和道德，为人民服务的献身精神和共产主义劳动态度的学生，就是在建设社会主义精神文明。高校学生管理工作制度对培养学生高尚的道德品质和良好的学习、工作及生活习惯，无疑是意义重大的。高校学生管理工作制度一经制定，就要求每个学生严格执行、反复践行、日积月累、相沿成习。只有这样，才能培养学生高尚的道德品质，帮助他们形成优良的学风。我国有许多重点高校，都以校风好而闻名，这与一套符合教育规律的、切实可行的规章制度是紧密联系在一起的。

二、高校学生管理工作制度优化的要求

（一）政策性要求

政策性是指高校学生管理工作制度必须同党的路线、方针、政策，国家的法律、法令、条例、决议、指示、规章、规程，尤其是党和国家的教育方针保持高度一致，而不能有丝毫背离。

党的路线、方针、政策和国家的法律、法令、条例、决议、指示、规章、规程等，是一个国家总的行为规范，是指导全局、制定高校学生管理工作制度的依据；高校学生管理工作制度则是党的路线、方针、政策和国家法律在高校学生日常学习、工作和生活诸多方面的具体化。需要注意，局部必须服从全局，否则，就会迷失方向。

（二）整体性要求

按照现代管理学的观点，国家是一个系统，教育属于国家的子系统，高校是

隶属于教育的子系统，高校各部门是隶属于高校的子系统。系统是有组织、有层次的，其各组成部分是为了一个共同目标才组合在一起的。高校管理者必须树立全局观点，正确处理局部与全局的关系，正确处理学生的学习和课外活动的关系，正确处理团组织与学生会工作之间的关系。在处理各种关系时，必须使整个系统处于协调状态，只有这样，才能发挥系统的最佳功能，达到教育管理的最佳效果。

（三）民主性要求

民主性是指高校学生管理工作制度必须符合广大学生的根本利益，并获得广大学生的积极拥护和支持。我国是社会主义国家，人民是国家的主人，党和国家的一切政策、法令都是以符合广大人民群众的根本利益、获得广大人民群众的积极拥护和支持为最高标准的。一切损害人民群众根本利益的政策、法令或行为，必将遭到人民群众的坚决抵制和反对，失去立足点。

学生是管理的对象，又是管理的主体，在制定规章制度时，高校必须从群众中来，到群众中去，广泛听取意见，做到集思广益，紧紧依靠学生把教育工作和管理工作做好。

（四）科学性要求

科学性是指高校学生管理工作制度必须符合高等教育的客观规律。任何领域都有其自身的规律，高校学生管理工作也不例外，如教育和管理必须与学生年龄相适应的规律，思想政治教育中知、情、意、行相结合的规律等。高校一定要认识和严格遵守这些客观规律，只有这样，才能实行科学管理，充分调动学生的积极性。同时，还要善于借鉴现代科学管理理论，不断总结高校学生管理工作经验，把行之有效的传统管理经验与现代管理理论有机地结合起来，不断提高管理水平。

（五）教育性要求

教育性是指高校学生管理工作制度必须对学生起到教育作用，即能培养学生社会主义道德观念、行为规范、思想品质，以及严谨、务实、开拓、进取的学习和工作作风。这样一来，学生既有章可循，又有进取的目标，高校学生管理工作制度充分发挥了自身的教育和激励作用。但是，必须指出，在高校学生管理工作制度制定和实施过程中，高校必须坚持思想政治工作领先的原则，把启迪、疏导作为一条主线贯穿在高校学生管理工作制度执行的全过程中，这样才能充分显示教育性。如果忽视启迪、疏导等工作，高校学生管理工作制度就会流于形式，或束缚学生手脚。

（六）严肃性要求

严肃性是指高校学生管理工作制度一经制定必须做到令行禁止、奖罚分明，对任何人也不例外，进而使学生的行为得到规范。在建立高校学生管理工作制度时，凡应规范的都要规范，凡是规范了的，各级学生管理组织和个人必须严格执行，不能朝令夕改、随心所欲。在执行过程中，严格按制度办事，不能时宽时严、时紧时松，坚决维护其严肃性。此外，要注意凡属将来才能规范的或者要创造条件才能规范的，就一定要留待将来或条件具备了的时候再规范。只有这样，才能使制度有相对的可持续性。

（七）可操作性要求

可操作性是指高校学生管理工作制度尽可能做到量化，符合教育、管理实际，并用分值表现出来。这样一来，不仅能使全体学生在制度实施的过程中做到心中有数，自觉约束自己，在检查处理时也能避免主观随意性。

上述要求既有各自的独立性，又紧密地联系在一起。只有严格遵照这些基本要求制定出的高校学生管理工作制度，才是经得起实践检验而又有强大约束力和教育意义的制度。

三、高校学生管理工作制度优化的策略

（一）高校学生社会实践制度的优化

1.高校学生社会实践制度建设

将学生社会实践活动纳入高校综合教育计划，建立一套完整的高校学生社会实践制度，包括短期规划、长期规划和配套文件。规定实践活动的各个方面，包括指导思想、方针原则、目标要求、形式内容、方法途径、时间要求、成绩考评、工作量计算、奖励办法、组织领导和相关政策。随着高校体制改革的推进，高校学生社会实践制度也会不断修订，使得实践活动更加切合高校发展实际。一个成功的社会实践制度应包含以下内容。

（1）社会实践活动领导小组制度

高校应成立由分管学生工作的党政领导和教务、科研、总务、学生处、团委等部分单位组成的社会实践活动领导小组，负责对全校社会实践活动进行统筹安排，制订计划，组织落实。各院、系、部应成立由分管学生工作的党总支副书记、团总支书记与辅导室主任等参加的社会实践领导小组，负责本院、系、部学生社

会实践活动计划的制订与实施。同时，高校也可吸收校外人士，如地方政府负责领导、地市团委同志及企业负责人员共同组成社会实践活动领导小组，建立友好关系，以便于高校社会实践在地方、企业顺利开展。

（2）完善两种不同类型的社会实践基地建设制度

随着学生社会实践活动不断走向成熟，社会实践基地建设制度也成为一种趋势。相对于实践初期的分散、随机的活动，基地活动可以进行长远的规划，为人才培养活动制订完备的方案，有利于基地建设方与校方建立长期互惠关系，使社会实践活动在双方自愿的基础上健康发展。社会实践基地建设制度包括两方面的内容：一是为教学研究服务的社会实践基地建设，这类基地建设包括城市工商企业、农业生产单位等；二是为思想政治教育和党建服务的社会实践基地建设，这类基地建设包括城市社区、农村基层组织、各类爱国主义教育基地（革命纪念馆、革命博物馆、烈士陵园）。

（3）实行两种不同类型的社会实践指导教师制度

开展学生社会实践活动的经验证明，实践活动要取得成效离不开教师的积极参与。因此，高校必须建立社会实践指导教师制度。两种不同的社会实践需要不同的指导教师，为教学研究服务的社会实践由专业教师或相关专业的技术人员担任指导教师；思想政治教育类的社会实践，由政治辅导员、政治理论教师或校外政工干部担任指导教师。这样便可借助指导教师在人格、理论、知识、专业上的优势，增强社会实践的生命力，发挥高校在实践过程中全方位育人的功能。制定社会实践指导教师制度一般要考虑以下几个因素：一是基地的性质；二是高校的有关政策；三是教师的地位和作用；四是实践过程中的组织领导；五是纪律要求；六是地点的选择和安排；七是职称评审和职务晋升；八是工作量的计算。当然，指导教师还要注意与由高校相关职能部门及校领导组成的领导小组进行协调。

（4）社会实践考核与激励制度

考核激励是提高社会实践活动成效的有效方式之一。社会实践考核与激励制度主要包括以下四项内容：对大学生参加社会实践活动定内容、计学分；对教师定任务、计工作量；院、系、部、教研室设计考核标准；对社会实践活动情况要做到"八个挂钩"（与学生德、智、体综合测评成绩挂钩，与奖学金挂钩，与评选先进个人和集体挂钩，与团员民主评议、推优入党和推荐免试研究生挂钩，与评选优秀党团员挂钩，与学生的学分挂钩，与单位和个人经济利益挂钩，与教师工作量和干部业绩的奖惩挂钩）。这样，才能调动学生、广大教师干部及社会各界、各单位参与社会实践的积极性和主动性，使社会实践形成有机运作、自我驱动、有轨发展的动力机制。

2.高校学生社会实践的创新探索

（1）不断更新社会实践理念

新时代不仅对高校学生有了新的要求，还赋予了其社会实践方面的新任务。所以，要适应时代，学生就必须进行社会实践理念上的更新。

首先，将高校学生社会实践与建设社会主义新农村的需要相结合。一方面，高校学生是掌握着一定基础知识和专业知识的知识分子，他们的参与无疑会有效地促进社会主义新农村的建设；另一方面，学生加入社会主义新农村的建设中，为自己的专业知识提供了用武之地，进而使自己的实践能力得到提高。将高校学生的社会实践与建设社会主义新农村的需要相结合，意味着高校在观念上对学生的社会实践要有一个更新或变革，即要从过去单方面地将学生作为社会实践的受动者，通过社会实践提高其工作能力，培养其良好的思想品德，转变为学生既是社会实践的受动者，又是社会实践的"授动者"，使学生作为科技知识和精神文明的载体，在实践中建设社会主义新农村。

其次，将高校学生社会实践与城市社区精神文明、政治文明建设的需要相结合。当高校将学生既看作社会实践的受动者，又视为社会实践的"授动者"时，就应将大学生这一科技知识和精神文明的载体运用到变革社会的活动中去，将高校学生社会实践与城市社区精神文明、政治文明建设的需要相结合，持久、稳定而有效地开展社会实践教育活动，使其在社会实践中得到各方面能力的提高和锻炼。学生可以将在高校思想政治理论课中学习到的内容应用于实践活动，这样既能将知识活用，又能深化理论认识，同时还可以通过自身努力，促进社会变革，成为推动社会文明进步的重要力量。

（2）创新社会实践载体

首先，建立城乡基层学生党员接待室。在当前开展的学生社会实践中，一些高校建立起了新的社会实践载体。这种城乡基层学生党员接待室既可成为学生党员和入党积极分子了解社会的窗口，又可成为向工人、农民、市民宣传党的知识、党的政策，以及国际和国内政治、经济、社会形势的重要阵地，学生还可在这个载体中与广大群众打成一片，为构建和谐社会贡献出自身的力量。

其次，建立学生社会实践临时党支部。建立学生社会实践临时党支部能增强党对社会实践的领导，并将党的意志、政策、主张贯穿于整个社会实践的全过程，从而使学生社会实践有更大的影响力。

（二）高校学生宿舍管理制度的优化

1.高校学生宿舍管理体制的概念和类型

（1）高校学生宿舍管理体制的概念

管理就是在特定的环境下，对组织所拥有的资源进行有效的领导和控制，以便达成既定的组织目标的过程。管理工作是由一系列相互关联、连续进行的活动构成的，也是在一定环境与条件下进行的，所以管理工作离不开特定的政治、经济、文化环境和条件；离开了特定的环境和条件来空谈管理，是不可能产生管理效果的。

我国的大学生宿舍管理体制，即在现行的教育体制和办学模式下，为了实现对高校学生宿舍的科学管理而设立的学生宿舍管理机制。在宿舍管理过程中，高校应该明确学工部门、后勤服务（物业管理）部门、安全保卫部门、学生政治辅导员、宿舍管理者的职责和权限划分，以及学生宿舍管理的有关规章制度、管理决策程序等。

（2）高校学生宿舍管理体制的类型

随着我国教育改革的逐步深化，尤其是高校后勤社会化的推进，学生宿舍管理体制也在不断地发展变化。就目前而言，高校学生宿舍管理体制主要有以下几种类型。

一是行政管理体制。由后勤部门为学生提供住宿条件，高校用行政方法集权领导，分散管理，管理方式、收费标准等都由校领导决定。在管理过程中，学工部门、安全保卫部门、后勤服务部门按具体的分工各负其责。行政管理体制虽有力度，但由于分散管理，往往出现管理部门各自为政、互相脱节的现象，管理者与学生之间容易产生对立情绪。诚然，这种管理体制在一定的时期内曾起到积极作用，可在提倡民主、和谐的时代，其存在不少弊端，有待进一步探讨、完善。

二是学生自我管理体制。学生自我管理体制是人本化管理在高校学生管理体制中的具体化。在知识经济时代，人本管理的核心是提升人们的知识水平、实践能力和创造力。管理者应始终坚持"以人为本"的理念，打造有助于每个人施展才能的激励机制，并营造尊重、和谐、愉快、进取的工作氛围，以激发人们参与管理的热情、想象力和创造力，其具体应用在学生管理上就产生了学生自我管理体制。学生自我管理体制为宿舍管理和服务工作制定了相应的制度、条例、考核和奖励措施。此外，学生宿舍应设立民主管理委员会，制定民主管理制度。该委员会应对宿舍的民主职权进行管理，与宿舍的管理机构协调配合，相互制约，以提升宿舍管理质量。有两种方式可以实现学生自我管理：第一种是授权学生管理宿舍，让他们自我管理、自我教育、自我服务，并给予相应的支持和指导，这种形式在深圳大学得到了体现；第二种是高校为学生宿舍管理提供支持和帮助，确保管理服务正常运转，同时鼓励学生自我管理和自我服务。

三是"主辅"管理体制。此种管理体制以行政管理为主、学生参与管理为辅，其形式主要有两种：一是选聘或有关部门推荐学生直接担任学生宿舍管理机构的副职或助理，协助中心主任（或科长）做好学生宿舍管理工作并由他们负责学生宿舍楼楼委会有关工作；二是由学生代表组成学生宿舍管委会，协助高校做好学生宿舍管理工作。"主辅"管理体制既可以充分听取学生的意见和建议，锻炼学生的组织能力，又有利于管理者与学生之间沟通信息，交流感情，进而使学生支持高校采取的管理决定和措施。

2.高校学生宿舍管理的内容与方法

（1）高校学生宿舍管理的内容

高校学生宿舍管理具有服务、管理、育人三个主要功能。学生宿舍管理应包括宿舍内务及卫生管理、宿舍区的治安管理、宿舍纪律与秩序管理、宿舍设施管理、宿舍水电气管理、宿舍电视及网络的管理等方面。

（2）高校学生宿舍管理的方法

学生宿舍不只是单纯的休息场所，还是一个重要的育人园地。良好的宿舍环境是高校实施素质教育，促进学生德智体美劳全面发展的物质保障。科学合理的规章制度会对学生起到良好的导向、规范、协调和激励作用，因此，对学生宿舍实施科学有效的管理十分重要。就目前而言，高校学生宿舍管理大致有以下两种方法。

①行政方法。行政方法是高校根据学生宿舍管理工作需要，设立专门的管理机构并配备相应的管理者，根据高校的校规校纪和学生宿舍管理制度、条例等，用强制性行政命令、规定，直接对住宿学生进行管理，增强住宿学生遵守制度、规范的自觉性。

行政方法是高校学生宿舍管理普遍采用的方法。为了提高学生宿舍管理行政方法的有效性，应科学运用相应的管理方式。

一是行政命令管理方式。行政命令管理方式是管理者凭借行政职权与权威，通过口头或书面等方式，发布的必须执行的规定、决定、指示，它具有明显的强制性、权威性、直接性。高校实行行政命令管理方式时应注意以下几点：对不服从管理的要有相应的惩处规定，以保证管理规章制度有效贯彻执行，实现有效管理；对违反条例的学生要一视同仁，做到公开、民主、公平、合理。学生宿舍管理制度、条例、规则、规范的制定要科学，既要符合国家法规、条例，又要获得学生的认同。这就要求规章制度的制定，不仅应有管理者、法律专家、主管领导的参与，还应有规章制度的针对人——学生或学生代表的参与，这样制定的规章制度才会有牢固的群众基础，才能得到更好的执行。在实施行政方法时，高校要做到制度化、规范化、程序化管理。高校应根据高等教育规律、高校管理目标、基本原则、管理程序和学生宿舍自身规律，制定一套包括"学生宿舍管理办法""学生社区管理委员会工作条例""学生宿舍公约""各级工作人员岗位职责""文明宿舍建设实施细则"等在内的规章制度、管理服务规范和学生宿舍日常工作处理程序，并采用多种方式向学生进行宣传教育，使学生一进宿舍，就知道应当做什么，不该做什么。明确遵守规章制度应该按何规定受到何种奖励，违反了相关规章制度按何种程序接受何种处罚，使管理者和学生都有纪可守，有章可循，建立和谐的人际关系，提高工作效率。

二是激励方式。激励是教育的一种方式。管理者应掌握激励的艺术，不断创造条件，变换激励方式。同时，在激励过程中，管理者可开展思想品德教育活动，以对学生起到感化作用，解决思想认识问题，巩固激励效果。

在高校学生宿舍管理工作中，其激励方法包括以下类型。

参与管理激励：让学生参与管理，成立宿舍管委会，对学生宿舍实行民主管理，以调动住宿学生共同管理宿舍的积极性和主动性。

目标激励：每学期公布评选文明宿舍和个人标兵的数量、条件、方法，以激发学生达到某一目标的驱动力。

荣誉激励：对积极主动配合宿舍管理工作，并做出贡献的个人或集体，授予相应的荣誉，出光荣册、光荣榜，记入学生档案，为其他学生树立榜样，明确方向。

物质激励：对创建良好宿舍环境做出贡献的个人、集体，在运用上述几种激励方式的同时，要辅以物质激励，如按原定并已公布于众的标准发放奖金、奖品等，激发学生参与和配合做好宿舍管理的积极性。

情感激励：宿舍管理者、学生社区辅导员要注意观察住宿学生的情感变化，帮助学生解决生活中的实际问题，如为经济困难的学生提供勤工俭学机会，对身体不好的学生在医疗、饮食方面给予关怀，对有错误思想行为或失误行为的学生有针对性地给予关心、帮助，使其树立信心。

三是疏导教育方式。疏导就是疏通、引导。疏导，就是要创造条件形成某种疏通机制，让学生的某种情绪得到合理宣泄；就是要循循善诱，将学生错误的思想、情绪引导到正确的方向上来。对于个别严重违反学生宿舍管理规定的学生，高校应该依据校规对其做出严厉处理。高校应在加强行政管理和思想教育的同时，对学生进行有针对性的疏导教育，关注学生的想法和意见，掌握学生的心理，运用启发、商讨、建议等方法，在疏导的同时进行教育，以提高学生遵守宿舍管理规定、条例的自觉性。学校应尽可能满足学生的合理要求，并创造条件予以满足；必须对学生的不合理要求和违纪行为进行严肃批评。学校应该采用积极引导和教育的方法，既不能强制约束，也不能完全放任不管。为了有效地管理学生宿舍，需要打破后进学生的心理障碍，向他们详细解释管理措施的合理性和意义，帮助他们转变行为习惯。

②经济管理方法。经济管理方法是经济组织利用物质利益来影响所属人员行为并使之与组织目标相一致的一种管理方法。随着教育体制改革的深化，学生宿舍管理应加强高校经济核算，提高教育投资效益，对学生适当采用经济方法进行管理，如对学生收取学杂费、住宿管理费等，同时变助学金为奖学金、贷学金。入学时学生先交费后注册，不交费或严重违反宿舍管理规定的，高校不准其在学生宿舍住宿；将住宿学生的表现与评奖学金挂钩；在宿舍日常管理中，核定水、电用量，超指标加价收费，减少水、电浪费；为防止损坏公物，学生在住宿时每人交一定数额的押金，若损坏公物要从中扣除。上述都是宿舍的经济管理方法。

总之，适当运用经济方法有利于完善高校学生宿舍管理职能。但经济方法不是万能的，作为国家主管主办的高校，不能过分强调以经济制裁为手段进行宿舍管理。对学生的收费要适度，对损坏公物要酌情要求赔偿，对违反规定的处理要合情合理，避免处理过当。

（3）高校学生宿舍管理的心理咨询方法

高校学生正处于青年时期，具有青年的特点和青年知识分子的特征。学习竞争的激烈、就业形势的严峻、感情上的不如意、经济上的压力和家庭教育的不当等，都会导致高校学生在心理上存在这样或那样的问题。对高校学生管理者而言，这类问题是决不可轻视或忽略的。对此，校方有必要选聘有经验的、学生信得过的中老年教师或心理医生在学生宿舍开设咨询室，用社会学、心理学、医学知识，以及生活经验开展心理咨询和健康咨询等，帮助学生解除困惑，培养他们积极的心态，使他们适应环境变化，树立信心。这对搞好学生宿舍管理很有帮助，也是管理者参加教育过程的有效措施。

高校学生宿舍心理咨询方法的特点是学生由被管理者的被动地位转为主动地位，而教师、医生则由管理者的主动地位变为被动地位。学生心甘情愿地向管理者诉说自己的遭遇和苦衷，以求得对方的同情、理解和指导，从而使焦虑、郁闷、孤独、压抑情绪得到释放和宣泄，进而保持心理平衡。

高校学生宿舍管理中运用的心理咨询方法多种多样。一般来讲，单独面谈，或约几个知心朋友一起谈，或采取书信、网上交流等方式交换意见都是可行的；也可以针对学生普遍感兴趣或有倾向性的问题，举办研讨会，或开设咨询课，或邀请有名望的专家、教授做专题讲座，并当场回答学生的问题，引导学生健康成长。

（三）高校学生奖惩制度的优化

奖励与惩处，是管理者实施管理行为、实现管理目标的重要方法和手段之一。奖惩制度是高校学生管理工作的重要组成部分，是高校坚持社会主义办学方向、促进学生成长和成才的重要手段之一。高校学生奖惩制度对学生在校期间的思想、行为导向有着直接的影响。可以说，高校制定的学生奖惩制度，在很大程度上反映和表明了高校提倡什么、反对什么，具有明确的指向性和导向性。因此，在严格遵循国家法律、法规及教育有关部门要求的前提下规划、制定、执行高校学生奖惩制度，对于激励学生成长、成才，把学生的思想和言行约束在社会、国家、高校允许的范围之内，具有十分重要的现实意义。

1.我国高校学生奖惩制度的现状

我国高校学生管理工作经历了较为漫长的发展过程。经过数十年的发展和完善，我国基本上形成了特色鲜明、体系健全的高校学生奖惩制度。

（1）我国高校学生奖惩制度的发展历程

我国高校学生奖惩制度主要经过了以下几个重要发展时期。

中华人民共和国成立初期至 20 世纪 60 年代初是我国高校学生管理工作制度的初创时期。这一阶段的高校学生管理工作制度建设，主要是对学生学籍进行管理，根据需要分别予以规定。我国恢复高考制度后，高校学生管理工作制度需要全面恢复、建立和加强，为此，《高等学校学生学籍管理的暂行规定》出台，其对学生学籍管理的各个环节进行了系统的梳理和规范，它是我国第一份系统规范高校学生学籍管理的规范性文件，也是我国第一份系统规范高校学生管理工作的规范性文件。经过不断充实和完善，《全日制普通高等学校学生学籍管理办法》出台，该办法是对中华人民共和国成立以来我国高校学生学籍管理实践的理性总结，是我国高校学生管理工作制度建设的重要成果。从某种意义上讲，它是我国精英型高等教育学生学籍管理的范式。

20世纪90年代是我国高校学生管理工作制度初步法治化和全面建设时期，其主要标志如下：①《普通高等学校学生管理规定》出台，该规定是具有相应法律效力的行政规章，在学生的奖惩方面也做了比较详细的规定，而《中华人民共和国教育法》和《中华人民共和国高等教育法》的出台，以法律的形式赋予了高校对学生进行学籍管理、实施奖励或者处分的权力。②后来，国家出台了一系列有关高校学生管理的配套文件，如《普通高等学校学生安全教育及管理暂行规定》《普通高等教育学历证书管理暂行规定》及其实施细则和《研究生学籍管理规定》。

进入21世纪，随着我国高等教育的发展变化和法治化建设的逐步完善，原本的《普通高等学校学生管理规定》（1990年版）显露出了诸多不适应之处。中华人民共和国教育部根据我国社会和高等教育发展的需要，经过多年的修改，多方征求意见，数十次易稿，颁布了新的《普通高等学校学生管理规定》（2017年版）。其中涉及学生奖惩，尤其是在学生违纪处理部分做了重大修改，确立了一系列依法治校、维护学生合法权益的新规则，其出台主要有四点作用：一是明确了学生的权利与义务；二是进一步明确了学生违纪处分的标准；三是进一步规范了学生违纪的处理程序；四是确立了学生权益救济制度。

（2）高校学生奖惩制度创新的背景

高校学生奖惩制度的创新，是依法治校的必然要求。我国在由计划经济体制向市场经济体制转变的过程中，逐步确立了高校的法律地位。《中华人民共和国高等教育法》明确了高校的法人资格，并规定了公立高校实行党委领导下的校长负责制，一方面赋予了高校诸多的办学自主权，另一方面也强化了对高校管理的监督。在这种监督体系中，主要就是法制监督，要求高校的一切管理制度和管理行为必须在国家法律的框架内制定和实施，不能随意超越国家的法律制度，更不能违反国家的法律规定，要提高高校学生管理工作的法治化水平，做到有法可依、有章可循。社会法治化发展的总体趋势是保障公民权利、限制公共权力、增进公共福利和实现社会公正。因此，高校学生奖惩制度首先要根据这种法治理念，改变过去只重视高校公权使用，忽视学生私权维护的状况，在赋予高校公权与限制高校权力之间寻求平衡点，并把它作为学生奖惩制度设计创新的突破口。

2.高校学生奖惩制度创新的理论

（1）奖惩的基本概念

关于奖惩的不同释义。奖惩在不同的背景和用处下有不同的解释。"高校学生奖惩制度"中的"奖惩"主要包括两个方面的内容：一是奖励，二是惩处。关于"惩"的解释国内学者有不同的观点，有学者认为"惩"意为"惩戒"，认为其具有人本精神。高校学生奖惩制度制定的依据是高等教育法、普通高等院校学生管理规定等一系列法律、法规，它不同于一般意义上的企事业单位根据自身发展需要制定的内部管理规定。"惩戒"作为行政术语，不适合用于解释法律行为；"惩处"作为法律术语，可以用于解释高校依法规制定的管理规定。

奖励指通过利用外部诱因，从正面肯定人的思想、行为中的积极因素，以达到调动人的积极性和创造性的目的。惩处指从反面否定人的思想、行为中的消极因素，根据其不良行为的情节轻重和纪律规定给予教育或处理，以达到明辨是非、纠正错误、促进转化的目的。

奖惩激励可通过奖励和惩处的手段来调动人的积极性或限制其错误行为。从管理学的角度来看，奖励与惩处的目的均在于激励被管理者在特定群体、特定组织系统中发挥积极作用，为实现所在群体、组织系统的共同目标做出努力。正激励与负激励可通过影响人的内在需求与动机，强化、引导或改变人的行为过程。高校学生奖惩制度指通过奖励和惩处这两个外部刺激来调节、规范和促进学生在思想、言论和行为上按照党的教育方针、高校学生管理规定和学生行为准则等去实践学习。

综上所述，高校学生奖惩制度是指为实施奖惩激励，由教育有关部门或高校通过一定程序而制定的一系列规章、条例。从高校学生奖惩制度调节的范畴来看，高校学生奖惩制度所调节的是高校这一特定法人与作为受教育者的学生之间的关系。在这个意义上，用"惩处"这一法律术语比用"惩戒"这一行政术语来解释"高校学生奖惩制度"中的"惩"更为合理。

（2）高校学生奖惩制度实施的原则

高校学生奖惩制度的实施，应体现公开平等、准确适度、适时适境、管理与教育相结合、民主合法、反馈发展六个基本原则。

①公开平等原则。公开平等原则是公正的前提和基础，是一切制度化、规范化管理的基本要求。只有公开的活动才能让更多的学生参与进来。大多数人会接受平等的待遇，而不是其他形式的待遇。公开要求高校在规章制度发布后，积极宣传，组织全体学生研讨，明晰奖惩机制的意义，详细介绍制度实施细则，让学生充分了解自己的权利和应尽的责任，提高学生的参与度和投入度。公布奖励和惩罚的结果有利于学生自我监督，使结果更加公正可靠，同时也能够帮助学生更好地了解标准和规范，增强制度的激励和警示作用。平等原则要求高校遵守规章

制度和流程，不得歧视任何人，必须考虑到全体学生的共同利益。

②准确适度原则。如果奖励和惩罚不得当，会导致群体内部产生不健康的道德关系和社会心理关系。例如，获奖者没威信，不能让人信服；受处分者有人同情叫屈，不能使学生在心理上产生触动。因此，在实施奖惩措施时，高校必须对受惩罚的对象和事件进行深入、详细、全面的调查和了解，以获取第一手资料，并以客观的事实为基础，参考相关规章制度，避免夸大和错误地评价。

③适时适境原则。在时效上，要善于在时机适宜时增强行动及时性，而在必要时则应适当延缓行动，以达到更好的效果。奖励和违纪处分必须迅速及时。这种方式的奖励可以激励人们积极行动，而相应的惩罚可以有效遏制人们的不良行为，减少违纪人数，避免出现过多无人负责的局面。当学生因为冲动或无意而违反纪律时，高校应该尊重他们的自尊和合法心理需求，避免因不适当的"热处理"而产生错误和负面影响。高校需要根据不同类型和程度的奖惩，选择、使用和创造适宜的环境，以期让学生在心理上达到最佳效果，并增强奖惩教育的感染力和影响力。

④管理与教育相结合原则。在高校学生管理工作中，管理者应当坚持以人为本的理念。在实施奖惩措施时，必须始终重视宣传、教育和疏导，将其贯穿于管理全过程，有针对性地对行为主体进行详细的教育引导。此外，还需要善于运用类比思维，通过分析类似的情况，掌握并运用有效的解决方法；通过向其他学生宣传教育，让高校的规章制度深入人心，不仅仅限于口头宣传，更要落实到实际行动中。只有这样，才能实现以点带面、一人带动全班的教育效果，让学生成为明理守规、自律自强的优秀代表。

⑤民主合法原则。管理者要以民主原则为基础开展奖惩工作，并且考虑广大学生的根本利益；要兼顾教师的指导作用和与学生平等的双向交流，以确保学生在舒适和信任的状态下接受教育和管理，同时也让教师从中受益。随着社会主义法制的不断完善，高校学生的法律意识也得到了提升，他们意识到使用法律来维护自己的合法权益的重要性，这一观念正日益加强。因此，高校在制定和实施各种规章制度时，必须遵守法律规定并与国家法律法规保持一致。

⑥反馈发展原则。奖惩制度的终极目标是鼓励学生之间形成积极的竞争心态，使其相互学习、互相帮助、互相超越。一个人的品格是在不断地发展、变化和完善的过程中逐渐形成的。在整个学生管理过程中，奖惩不仅是过去阶段的结束，也是新教育过程的开始。制定反馈机制、收集学生反馈信息是提升奖惩效果、提高教育水平的关键步骤。学生成长和成才常常呈现螺旋式上升、波浪式前进的趋

势，因此高校应该以全面发展的视角来看待每位学生。高等教育改革和发展进展迅速，高校合并联合、推出完全学分制、实行走读制和后勤管理社会化等，都给高校学生管理工作带来了许多新问题。高校需要不断深入调研分析，并不断修改和完善学生管理相关规章制度，以满足社会发展对高校工作的新要求。

奖惩工作的最终目的是在学生中形成"比、学、赶、帮、超"的积极向上风气。人的品行的形成过程是一个不断演变、进化和提升的动态过程。在高校学生管理工作中，建立收集反馈信息的机制至关重要，这有助于落实奖惩制度，提高教育效果。学生在成长和发展过程中会呈现螺旋式上升或波浪式前进的轨迹，这是客观存在的规律，高校应该以发展的视角看待每一位学生。

3. 高校学生奖惩制度的心理机制

有效的管理制度离不开被管理者在心理上对制度本身及其实施过程、结果的认同。换言之，高校学生奖惩制度效用的发挥离不开与之相适应的高校学生奖惩激励心理机制。

（1）学生奖励的心理策略

分析表明，由于及时地强化很容易使学生把活动和结果结合起来，并认识到反应与强化的相依关系，一旦他们察觉到自己活动的结果（尤其是他们期望的结果）或认识到反应与强化的相依关系，他们的活动积极性就会大大增强。因此，对学生的奖励要及时，这样会达到相当好的教育和管理效果。奖励过程中的奖励必须符合学生的需要，可采取定期奖励与不定期奖励相结合的方式。同时，奖励也不能滥用，学生本就可以兴趣盎然地进行某种活动，如果给他们一定的报酬，那么在日后得不到报酬的情况下，他们就会失去对这些活动的浓厚兴趣。过度的奖励会使学生产生对奖励的依赖心理，不必要的奖励会削弱学生的内在学习动力。学生内在的学习兴趣是真正的动力，具有稳定而强烈的作用，是非常珍贵的。如果学生没有内在的学习动力，外部激励措施可以被教师用来刺激学生的学习兴趣和积极性，这种奖励是必须的。但如果学生已经对学习活动产生了浓厚的兴趣，那么额外的奖励可能会起到反作用，会降低学生的学习热情而不是提高其积极性。

（2）学生惩处的心理策略

第一，实施惩处要及时。如果实施惩处与学生的违禁行为同时进行，则学生的这种违禁行为一开始就同焦虑、恐惧相联系，从而使学生为避免焦虑或恐惧而不得不及早终止违禁行为。管理者如果在学生的错误行为发生后对其进行惩罚，效果会明显降低，尽管因行为的结果受到惩罚而体验到痛苦，但如果过程是吸引人的，下次该行为发生的可能性仍然较高，因此惩罚的效果会明显降低。如果管理者在学生的错误行为发生后很长一段时间内都不对学生的错误行为进行惩处，则会产生更多的负面影响。

第二，实施惩处要适度。很多人都认为，较轻的惩罚不如较重的惩罚有效，但是实践证明一些较重的惩罚往往会带来一些不良后果，因此，管理者在实施惩罚时要有度，心理学家称之为"阈值"。低于阈值的惩罚，对学生不起作用；高于"阈值"又会使学生的积极性变得脆弱或引起学生的焦虑情绪。

第三，实施惩处要准确。对学生进行惩处时，要对学生的错误行为及产生的负面影响予以准确的界定，采取合适的惩处方式，要把握惩处的准确度，这样才能使学生心服口服，才能体现出惩处的效果。

第四，实施惩处要一致。对学生的惩处采用的标准和方式要一致，要具有连贯性和长期性，不能因对象、环境等因素的变化而采用不同的标准和方式。如果随意变化，惩处就很难维持下去，也就丧失了其存在的价值。

第五，实施惩处要与讲清道理相结合。说理的作用就在于使受罚者进一步体验到认知上的不协调，从而增大态度转变的心理压力。因此，管理者在实施惩处的同时晓之以理、动之以情，会提高惩处的有效性。

第六，实施惩处时要注意掌握度，不能滥施惩处。过度惩处会使学生产生恐惧心理，导致退缩、逃避及说谎行为的发生；会使学生产生压抑心理，从而有碍其智力及创造力的健康发展。不当惩处会降低学生的"内在惩处"力度；会使学生产生对抗心理，导致师生关系的紧张。

4. 高校学生奖惩制度优化应处理好的关系

高校学生管理工作制度创新是一个庞大、复杂的系统工程。在构建和谐社会、强调依法治校、倡导以人为本的现代社会，创新高校学生管理工作制度首先要正确处理好以下四个方面的关系。

（1）正确处理法治介入与高校独立、自治之间的关系

对于在高校学生管理工作中引入法治原则，大多数法学学者表示支持与认可。不过，在学术界，也有人对此持不同意见，他们担心外部权力的介入会以司法的名义干涉高校的独立性。这种担忧或反对的核心问题在于如何妥善处理法治干预与高校独立、学术自治之间的矛盾。换句话说，主要涉及在法治的框架下，如何有效地区分行政权力和学术权力，以加强高校学生管理工作。在高等教育领域，尤其是在教育、科研等方面相对较为活跃的领域，高校不可避免地会面对学术权

力和行政权力共存的情况。高校内部权力分布包含两种主要形式，一种是行政权力，由校长及其团队负责；另一种是学术权力，以优秀专业教师和学者为代表。

例如，在高校中，教师应如何评定学生的学业成绩？这个成绩可能会对学生的毕业和享受教育权利造成影响，进而对其生存和发展产生影响。学位论文答辩委员会会根据多种因素来判定一篇论文是否能够通过，包括但不限于以下几点。

①论文的研究内容、研究方法、创新性、实用性及论文的质量。

②学生在答辩过程中的表现，包括文献综述、研究内容的阐述及答辩中的回答。

③答辩委员会成员提出的问题及对学生的评价。

④学生在整个研究过程中的表现及最终论文的撰写质量。

综合以上几点内容，学位论文答辩委员会会做出综合评价，判定学生的论文是否达到了学位授予的基本要求。答辩结果的好坏直接影响到答辩人是否能达到学位要求，也影响到答辩人实现受教育权和未来的生存与发展。在高校与教师的关系中，评定教师职称或导师资格的组织通常会根据教师的学术研究成果、教学能力、职业发展及社会服务水平等方面来评估教师能力。

学术权力和行政权力有着本质的区别。学术权力是建立在学术背景和专业能力基础之上的，其源自行使者的知识水平和技能，而非其职位或所属机构。换句话说，学术权力的实现并非取决于组织和组织的任命，而是取决于专家的素质和其学术背景。有时候，学术权力会被行政权力所确认和规范化；但即使拥有行政权力的人被授予了管理学术事务的职责，其仍然不具备学术权力。个人的学术权威性、评判标准以其学术能力的强弱为基础，学术修养、学术成就、学术经验和学术品格等都会对评价该个体的学术权力大小产生影响。行政机构在教育管理系统中的层级和位置是决定其行政权力大小的关键因素，而并非个别人员的能力水平。

专业权力被视为一种产生于普遍和非个人标准中的权力，这个准则出自于相关行业的专业人士，而非正式组织。专业权力被认为是依据技能而非地位所导致的官方能力，可给予学术权威认可和尊重，并确立了一套系统保障机制，以发挥学术权威的作用。同时，合理地规范学术权威和行政权威各自的领域和范围，使它们在学术管理活动中发挥有机分工、相互合作和制约的作用；如果不认可学术权力的存在和影响，那么这个特殊领域将无法实现学术权力所应发挥的作用，从而导致行政权力在这个领域内取代学术权力的地位。这将导致行政权力的作用受到质疑和挑战，陷入一种困境。专家就学位评定委员会所行使的审查权力进行了争论，其中争议的关键是，除了行政权力外，学位评定委员会是否具有学术审查权力。这涉及由多学科专家组成的高校学位评定委员会是否能够做出学术裁决。现行法律授予高校学位评定委员会一定的实质审查权，因此，该问题对目前的学位制度是否合理提出了质疑和挑战。显而易见，一个不具有学术权力的组织是无法对学术问题做出判断的。

高校学生管理工作法治介入的适度性要求高校认清两种权力不同的运行轨迹，将法治介入的基点落在行政权力上，避免对学术权力进行不当干涉。当然，按照"无救济则无权利"的法治原则，学术权力同样需要受到一定的限制。但由于学术权力具有高度的专业性和技术性，法官只是专于诉讼程序操作和认定事实规则的技术方面，而不能超越自己的专业知识和经验，显然不适合对学术权力进行审查。因此，有人提出，学术纠纷只能通过由专家组成的仲裁机构来解决。

（2）正确处理高校与政府之间的法律关系

明确高校与政府各自的权限职责，是推进高校学生奖惩制度创新的基本条件。按照《中华人民共和国教育法》和《中华人民共和国高等教育法》的规定，高校具有"依法自主办学""按照章程自主管理"的权利，且这两部法律法规又规定了"国务院统一领导和管理全国高等教育事业""省、自治区、直辖市人民政府统筹协调本行政区域内的高等教育事业，管理主要为地方培养人才和国务院授权管理的高校"。那么，高校与政府之间究竟是一种什么样的法律关系呢？从2017年颁布的《普通高等学校学生管理规定》（以下简称《规定》）来看，直接涉及教育行政部门职责的条款有14款，概括起来主要涉及学生身份的认定、调整和改变；业务工作的开展，即对地方高校学生管理规定的审查；其他，如学生表彰、学生申诉处理和就业服务等。

高校权限职责，即教育行政部门的管理权力，其管理权力直接指向高校，所以高校教育行政部门的权力就是高校应当履行的义务。但高校不同于其他事业单位，它作为一种特殊的公共机构，具有培养人才与传播学术知识的特殊使命，所以它应该有一定的自治权。如果管得过死，高校就会失去学术自由，这有悖于高校的宗旨和精神。因此，教育行政部门对高校的监督、指导和审查，在学术研究和评价等方面一般不过多介入，以维护高校的学术独立性。即使在一些学生管理的具体规定上，也应该留给高校足够的管理空间，如《规定》就有5处直接明确为"由高校规定"，有13处明确为"按高校规定"执行，实际上就是放权给高校按照办学特点自主决定学生的培养年限、评定方式、专业设置和调整、学籍管理等。

既然高校向教育行政部门履行了一定的义务，且义务和权利是共生的，那么高校也就享有了一定的权利，即学生管理权。这种权利和教育行政部门的权力一样是一种公权，它们不同于私权可以自由选择或放弃，而是必须行使。高校拥有了学生管理权就意味着在学生管理中取得了一种法律地位，这种法律地位又不同于教育行政部门或其他行政机关，是单纯的行政机构或构成行政法律关系，是根据公法规定而成立的法人，以公共事业为成立目的的公法人。高校作为公法人在行使管理职能中处于行政主体的法律地位，这种法律地位一方面来自法律规定，另一方面来自政府授权，而且范围比较狭窄，仅限于招生权、学位授予权、职称评审权、奖励与处分权。高校又在民事活动中依法享有民事权利，承担民事责任，如果高校侵害了学生人身权、财产权等权力，学生可依照《中华人民共和国民事诉讼法》提起民事诉讼。

（3）正确处理高校与学生之间的法律关系

从法律上理清且在管理实践中确定高校与学生之间的关系，是高校学生奖惩制度创新的关键。对于高校与学生之间的关系问题，学术界存在各种不同的观点。有人认为，高校与学生之间的关系既是一种隶属型的行政法律关系，又是一种平权型的民事法律关系。我国高校作为公益事业法人，其基本职责是从事人才教育培养和学术研究传播。高校为了保证自己的学术研究自由，必须有一套相对独立的管理保障制度体系；为了促使学生向着符合社会要求的方向发展，高校必须对学生进行有效的组织与管理，以保证教育活动顺利展开。因此，高校与学生的关系具有两重性：一方面，学生作为受教育者和被管理者，必须接受高校的教育与管理；另一方面，学生作为国家的公民，享有法律规定的基本权利。所以，二者的关系既是教育者与被教育者、管理者与被管理者的关系，又是平等的民事主体关系。

（4）正确处理学生的权利与义务的关系

当代高校学生的维权意识日益强烈，他们不再是单纯的被管理者，也不再是消极的义务履行者。权利与义务是一对孪生兄弟，不可分离，人们只有享受了一定的权利，才会积极地履行相应的义务。因此，现代高校学生管理工作必须保障学生法定权利的实现。学生的权利属于私权，《规定》既规定了高校学生特定的权利，也规定了其享有作为一般公民的权利和法律、法规所特别规定的学生应当享有的权利。作为私权，学生可以自主处置自己的权利，既可以享有，也可以放弃，但不能被强行剥夺。高校实施学生管理也是一种权利，但这种权利是一种公权，是高校作为事业单位法人，由一定的法律和行政机关赋予的，本质上是由人民让渡的权利。作为公权，高校不得放弃它，如果高校放弃行使管理权利，就意味着放弃履行义务，意味着不作为，属于行政过失。因此，为保证高校管理权的正常行使，管理对象——学生应当给予一定的配合，这种配合就属于学生应当履行的义务。

5.高校学生奖惩制度创新的措施

（1）高校学生奖惩制度创新的机制

推动高校学生奖惩制度创新的重点是要建立以下四个机制：

①动力机制。变化是创新永恒的动力。当一个组织面临环境的变化，其认为这种变化还足以应付时，它的创新愿望可能不会得到有效激发；而只有当它意识到凭借现有的组织结构、制度或能力不足以应付变化的环境，感到有危机时，创新愿望才可能被激发。总之，"现状"是创新的发动机。我国高校学生奖惩制度在运行了几十年之后，制度本身与"现状"出现了冲突，高校学生奖惩制度尤其是学生违纪处理条例，在管理实践中已经问题重重，必须进行变革。

②决策机制。制度创新的具体实施在于基层，而制度创新决策取决于领导层。领导层本身的思维及营造的环境氛围（或文化），对制度创新具有较大影响。制度创新需要时间，并且往往会受到一定程度的阻碍和抵制，因为这不仅仅是简单地改变完成一件事情的方法，它更是相关领导层行为方式和思维方式的深层次变化。既然行为模式不可能在一夜之间发生变化，那么高校就不可能通过命令来实现真正的创新。制度创新同样是一种思维模式，它是一种对现状经常持有怀疑态度的习惯，它绝对不会想当然地把过去行得通的做法用于现在的情况。因此，高校学生奖惩制度的创新，一方面来自"现状"的压力，另一方面来自领导层不断探索和实验的习惯，以及由领导层的示范效应而营造的敢于创新、乐于创新的氛围。

领导层的决策还在于对创新结果的选择。人们的创新结果可能很多，有的也许相互矛盾，在这些备选结果中哪些保留、哪些放弃，领导层必须做出决定。而一旦做出了决定，选择的创新结果进入了制度范畴，那么下面的基层组织就必须执行制度，尽管这种制度可能还存在某些不完善之处。

③反馈机制。创新结果是否适应现状和未来发展，必须经过实践的检验，考察其适应性和可行性。所以，创新的后期工作总是要回顾上一次的结果，反问哪些方面是成功的，哪些方面没有达到应有的效果，然后保留成功的方法，在上一次没有达到预期目标的地方尝试不同的思路和做法。高校学生奖惩制度创新实践

必须通过反复的调研、比较，在许多预选方案中选择最适宜的方案，并且要不断回馈实施方案的信息，以验证方案的可行性。

④调整机制。制度创新不可能一蹴而就，它是在反复调整、不断修正中完善的。高校学生奖惩制度关系到学生的切身利益，每一项条款的制定都必须慎重，要根据反馈结果显示的制度与现状的差距适时实施调整。而调整的依据如下：一是国家的法律法规，二是高校学生实际情况的变化，三是高等教育和高校管理的实际。调整的核心是保护学生的权益，调整的目标是在高校管理与学生权益之间寻求动态平衡点。

（2）高校学生奖惩制度的创新实践

高校学生奖惩制度在学生奖励方面，从过去较单一的形式（"三好生"）向多层次、多形式（综合奖、单项奖）转变。我国高校学生奖励制度比较注重共性，常常忽视个性的发展，大多是千篇一律的"三好学生""优秀学生干部""先进班集体"等评选，沿袭了几十年，其激励的边际效应已经大大降低。为有效发挥奖励的激励作用，高校可以采取定期奖励与不定期奖励相结合、综合奖励与各类单项奖励相结合的方式，每年在学生中大力开展"争先创优"活动，集中表彰一批在各项活动中表现突出的先进集体和个人；根据高校参加和组织的一些大型活动，适时地奖励一批表现突出的学生集体和个人。在奖励评定标准方面，高校既要注重考查学生的综合素质，对德智体美劳等全面发展的学生进行综合奖励，制定综合奖励评定条例，设立综合奖学金等，又要鼓励学生的个性特长发挥和发展，制定各类单项奖评定条例，对在文艺、体育、科技学术、社会实践、社会服务和见义勇为等方面表现突出的学生进行奖励，尤其是对获得国际级或国家级奖项的学生进行重奖。同时，规范表彰奖励的评定程序，严格标准、严格推荐、严格审查、严格公示，不允许暗箱操作，凡是校级以上的奖励评选，必须进行公示，接受全校师生的监督，进而形成点面结合、层次分明、公开透明的学生奖励机制。

高校在学生处分制度方面，首先，应取消和修订一些与我国的基本法律制度和《规定》相违背、不一致的条款。其次，要确立学生违纪处理条例修改的基本原则和要求，要体现育人为本的原则；条款要符合政府有关部门的规定，符合高校的实际情况，符合教育发展规律；条款制定宜细不宜粗，以便于操作；对学生处理宜宽不宜严，重在教育；处理材料宜实不宜虚，减少随意性。再次，强化程序规范，确立学生权益救济渠道，建立学生申诉制度，成立学生申诉处理委员会。最后，对毕业生违纪处理中的特殊情况在不违背国家有关规定的条件下，进行适当的变通处理。

第二节　高校学生管理工作队伍的建设

一、高校学生管理工作队伍的地位和作用

高等教育的关键在于教育质量，它是高校实现规模和实力跃升的必要条件。高等教育的生存与发展离不开教师卓越的学术水平和教学质量。教师是提升教育质量的关键，因此高校教育水平提高的关键在于加强教师队伍建设。一所高校的教师团队的总体水平反映了其教育水平的高低。高校教育教学质量的根本保障在于教师队伍的素质水平，而教师队伍建设的质量则是影响学生质量的关键因素之一。如果没有素质优秀的教师团队，就不可能有高质量的教育教学水平。教师担负着贯彻党的教育方针的重大责任，还有办好人民满意的教育的重要任务。因为教师的素质会直接影响到高校的教育水平，所以高校的教学质量和高校的育人效果主要取决于教师的专业水平和教育能力。要培养出高素质的创新人才，高校需要拥有强大的教师队伍及拔尖的创新人才。

教师队伍建设是高校教学管理的核心所在。教师扮演着教育内容主要组织者和实施者的角色，他们是教学活动的组织者和实践者，负责设计和实施教学方法。高校若想要教学内容、教材和管理都达到一流水平，那么必须先拥有一支优秀的师资队伍。教师是高校教学建设中"三教"关系的核心，因为教材和教法的质量、效果都取决于教师的实际运用。教学过程中，教师的作用至关重要，因为他们在知识传授与人才培养、教材与教学内容、科研与教学等方面扮演着关键的角色，能确保教学过程的有效性和正确性。通过教师队伍建设，高校不仅能极大提升教学质量和管理效率，还能促进高校的后期改革和长久发展。大量实践结果表明，通过建设一支综合素质足够高的教师队伍和管理队伍，高校可以从根本上提升办学水平，提升教育质量，促进人才培养工作的有效落实。

高校学生管理队伍的地位和作用是由管理工作在高校中的重要地位和作用决定的。管理是各项事业成功的重要因素。人们已普遍认识到管理是培养人才、实现效益的必要手段。高校的发展不仅依赖师资、生源、经费、设备、技术、校舍、环境等"硬件"建设，还需要对这些资源进行科学的组织、管理和运用，即"软件"建设。只有将这些要素合理地运用并使之相互协作，高校学生管理工作才能达成整体目标。高校学生管理工作的核心使命在于帮助学生成长为具备道德才能、

具有丰富知识和坚定信仰的社会主义建设者，成为未来社会的中流砥柱。在教育和培养学生的过程中，高校学生管理者担负着特殊的职责和使命。总的来说，高校学生管理者是通过管理人的行为来实现对人的教育的。详细地说，高校管理系统是基于"人—人—人"模式运作的，开头的"人"指教育界人士，包括教师和相关专家；末尾的"人"则是学生；而中间的"人"则是高校学生管理者，是连接教育者和学生的重要纽带。高校学生管理者的主要职责是通过科学、系统、有效的管理工作，促进教师和学生之间的有机结合，最大限度地发挥他们在"教"和"学"方面的积极性和创造性，提高教育质量和办学效率，为培养更多优秀的社会主义事业建设者和接班人做出贡献。此外，高校学生管理工作还有直接促进学生成长的功能，高校学生管理者在这方面扮演着不可替代的重要角色。

二、高校学生管理工作队伍建设的策略

（一）认识高校学生管理工作队伍建设的重要性

认识高校学生管理工作队伍的重要性是进行管理队伍建设的首要任务，要明白为什么需要高水平的管理队伍，以及高校究竟需要怎样的管理队伍。高校要改变过去忽视队伍建设的错误观念，明白高校学生管理工作队伍建设的重要性，并通过制订有效规划来实现队伍成员的专业化。

为了提高整个队伍的专业化程度和整体素质，高校的首要任务是推行职业资格认证制度。职业资格认证制度是一项国家实施的职业准入规定，旨在确保各行业从业人员具备较高的素质，要求管理者必须接受严格的职业培训并具有实践经验和丰富的专业知识等。首先，建立管理者职业资格认证定期培训制度，并进行严格考核，不合格者取消其证书，以保证从业人员能力的不断提高。其次，应该构建管理者培训体系，要有针对性地根据各个岗位、职位层面的不同来采取不同的培训方式，同时促使管理者将学习的知识合理地运用到高校学生管理工作中去，以知识来指导实践，促进其知识水平和工作水平的提高。

（二）保证高校学生管理工作的科学化

随着高等教育的普及化趋势不断加强，高等教育已经进入了大众化阶段；高校基础建设以建设高教园区为主，取得了重要进展，整体办学条件得到了进一步改善。我国高等教育正逐步向全球敞开大门，国际化的程度也在不断加深。高等教育机构的管理体制改革及高校布局结构调整的工作已经基本完成。一些高校通过适当的方式，成功进行了合并重组，使办学规模更加庞大，学科设置更加全面、

综合，未来的发展潜力也更加巨大。然而，高等教育领域亦存在着多种矛盾和难题，主要表现在高等教育与经济社会发展之间的协调有待加强，同时在推行体制改革、机制创新等方面，还存在着不小差距。高校经费紧张，负债沉重，同时经费使用效率亟须提高，资源未充分利用，浪费财力和物力的情况时有发生。高校领导一直被教师队伍人数不够、高水平人才匮乏、经常出现教师流动的问题所困扰。这些矛盾和问题产生的原因是多方面的，其中之一就是一些高校过于注重扩大招生和校园建设，导致管理层忽略或低估了管理工作的重要性。具体表现为，缺乏对高校改革和发展的整体规划和战略性思考。高校内部管理制度不完善，缺乏明确的规范和操作细则，有些规章制度难以落实，且有些管理决策往往基于经验和个人意愿，缺乏科学性和规范性。过于强调管理工作的"服务"角色，而忽视了管理工作在组织和协调方面的作用和重要性。

要想提升高校的办学水平和质量，必须提升高校信息化管理的水平和质量。在高校办学过程中，师资、生源、设备、经费等都是不可缺少的，但要想从根本上提升办学水平，高校必须不断创新和优化信息化科学管理方法，在与高校客观发展规律相结合的基础上加强管理。

现在，我国的高等教育发展正面临着新的转折点。在高校招生不断稳定化和改革化的基础上，高等教育发展的核心必将转移到科学发展和科学管理上来，这种形势不仅为高校管理水平的提升提供了契机，同时也给高校管理提出了更高的要求。

1. 树立科学的管理理念

（1）树立系统理念

高校应把自身视为社会大系统的有机组成部分，不断强化社会责任感，积极履行社会职能，为促进经济的持续健康发展、维护社会的协调运行和动态平衡做出应有的贡献；高校应该将管理工作视为一个系统工程，并采用现代管理科学中的系统论原理，以实现管理组织的系统化。这包括整体规划、统筹兼顾，以确保系统内部结构合理有序，与外部关系协调一致。通过协调，高校可以使有限的人力、财力和物力资源得到合理、高效的统一使用，从而发挥最大的效益。高校需要科学理解管理系统的分层结构，并有意识地按照层次进行管理。这就意味着相关工作人员需各司其职、各尽其责、各行其权，从而确保管理系统高效、正常运转。

（2）树立以人为本的理念

高校的教育者大多学历层次较高，他们普遍具备较高的社会责任感，重视精神成长和待遇，关注个人的职业发展空间。学生作为受教育者，是未来高层次人才的潜在来源。因此，高校的各项管理工作应该以关注人为基础，贯彻以人为本的理念，尊重每个人的权益，凝聚人的力量、提升人的素质、开发人的潜能，以促进人的全面发展。

（3）树立依法办学的理念

高校的管理工作与教学活动皆受到法律的监督和规制，高校必须把法治精神融入院校管理当中，通过完善和严格执行校内规章制度，从根本上维护好校内规章制度的权威性，实现校内管理和运行的规范化。

2. 构建科学的管理组织

（1）创新组织结构，完善权责体系

坚持并完善以党委为领导的校长负责制，合理地划分校党委、校长、学术委员会和教职工代表大会的权力范围，确保其相互配合、相互制约，可以使高校的组织结构运转规范、有序、健康、高效。高校必须妥善处理党政关系。校党委要重视重要问题的决策、制度建设，以支持校长独立行使职权。同时，高校必须强化对校长行政工作的监督，确保校长按规章制度行事，避免其职权滥用和行政不作为。这样才能够改善和加强党委对高校工作的领导。为了实现高校管理的民主化和科学化，应当恰当地平衡校长的责任，适度扩大院（系）的职权，增强院（系）的职能，遵循法律法规，支持教职工代表大会和学术委员会履行职能，以充分发挥他们在高校民主管理和学术管理方面的作用；应当调节学术自由和行政调控的关系，确保管理者在管理学术事务时尊重学术权力，不应超越学术权力的范畴行使行政权力，更不能以行政权力代替学术权力。这有利于使学术管理更加科学化和权威化。同时，高校需要坚守正确的政策导向，正确运用行政权力和政策杠杆，加强行政调控，提高行政效率。

（2）完善组织管理制度，用制度约束干部的行为，规范其权力的行使

高校需要制定相应的管理制度以适应内部权力架构的职权分配，并规定具体的工作规范，包括内部机构设置、职权划分、人员编制及各级人员的岗位职责等；需要根据党的政策和国家法规，并结合自身实际情况，制定更具有针对性和可操作性的规定。同时，高校也需要遵循自身办学特点，总结经验和教训，制定指导和规范管理工作的规章制度，并使新规章制度能解决新问题。值得注意的是，在这一过程中，高校必须确保各项规章制度不违反党的方针政策和国家法律法规的原则。进一步完善实体性规章制度的同时，高校也应该注重程序性规章制度和保障

性规章制度建设，以制度的形式来保障对违规行为的处理和纠正。

（3）探求科学的管理方法

要想促进信息化管理工作的快速落实，高校必须在结合内部管理情况的基础上，不断创新和完善信息化管理方法，要通过管理创新，改变以往落后的办学状态，也要结合社会发展需求和市场发展需求，适当调整和增设专业，及时修改和完善人才培养方案；还要通过加强科研课题立项等，强化自身市场意识，挖掘信息化管理资源的潜力，最终提升办学水平和办学效益。另外，在具体的信息化管理过程中，管理者不能一味依靠个人经验进行管理，要应用科学合理的管理方法，还要严格遵循相关制度和标准加强管理。

（三）树立全面的信息化教学管理理念

1. 确立以现代教育理论为指导的教学管理创新理念

为了推进教学管理信息化，必须进一步开放思想，以现代教育理论为指导，以转变教育思想为先导和动力，以促进教学管理创新为目标。推进信息化教学管理创新的关键是对传统的教学管理理念、模式、方法和手段进行客观分析并加以取舍。此外，教学管理主体要结合知识经济时代对人才培养的要求，积极吸收借鉴校内外教学管理改革和实践经验，探索出与现代教育改革发展相适应的新型教学管理方式。

2. 强化两个方面的教学管理理念

首先，高校需要培养基础扎实、知识面广泛、多才多艺、具有创新能力的高素质人才；将素质教育和创新教育贯穿人才培养的始终，一视同仁地重视通识教育和专业教育，注重学生学术修养提升和人品培养，实现知识、能力和素质教育的并重。针对不同的学生，高校需要采用不同的教育方式，以实现多元化的人才培养模式。要想改革人才培养模式，高校必须要在课程、教学方法和管理等方面落实改革措施。

其次，在学科专业建设方面，管理者必须认识到学科建设是高校综合性战略建设的重要组成部分，并且是科学研究和高质量人才培养的基石。同时，学科建设在高校建设中也发挥着引领和推动作用。随着现代科学技术的迅猛进步，各个学科之间已经形成了高度分化和高度综合的现象，相互之间交织和融合也是信息技术发展不可避免的趋势。

3.高校教学管理要注重效率

在高校信息化教学管理过程中，要想使管理真正出效益，就必须进行科学合理的教学行政管理；通过加强教学行政管理，可以从根本上提升高校信息化教学管理效率。具体来说，在高校教学管理当中，要明确教学行政管理运行机制，还要建立有效的信息渠道，实现网络信息技术和信息服务的有效结合，并加大技术创新及服务创新力度，在提升教学行政管理效率的基础上，促进高校信息化教学管理建设的有效落实。

（四）研发科学的教学管理信息处理系统

高校教学管理信息处理系统在实际的建设过程中，不仅需要掌握专业的信息技术，还需要充足的信息资源。高校教学管理信息处理系统建设的成功，取决于信息技术和信息资源的有效融合。因此，必须将网络信息技术和资源融入教学管理中，并加强对智能化信息技术的使用，建立现代化技术平台，为高校管理实现智能化提供必要的依据和技术支持。

在教学管理信息化建设中，信息资源的开发与建设是重点内容，同时也是教学管理信息化的基础。在教学管理中，重要的信息资源包括但不限于专业背景、课程内容、学生情况、教师情况、教学设施、教学记录和教材资料。

高校需要对信息编码进行标准化处理，参考国家、部委、有关上级主管部门已制定的编码标准，同时结合本校的实际情况，在教务处与行政办公室、人事处、资产管理处、学生处、科研处等有关职能部门的合作下进行统一制定。在涉及软件开发的情况下，高校应该结合自身的教育特点，对软件提出管理和教学方面的需求。高校可以进行招标，引入企业竞争机制，与企业人员合作展开开发工作，并确保工作在一个共同的数据库平台下完成。需要特别强调的是，高校对系统安全性必须高度重视。教务管理数据库在建成后就成了教务信息的核心，一旦受到破坏，将会对全校教务管理工作的正常运转产生不利影响。因此，高校必须重点加强软件和数据库网络的防御功能，以避免遭受网络"黑客"和"病毒"的攻击。此外，应定期备份重要的数据，以避免意外情况的发生。

（五）加强教学管理队伍信息化建设

1.具备信息意识

信息意识是指客观存在的信息和信息活动在人们头脑中的能动反映，表现为人们对所关心的事或物的信息敏感力、观察力和分析判断能力及对信息的创新能力。它是意识的一种，为人类所特有。随着高校教学规模不断扩大，教育信息化建设也在飞速发展，高校学生管理工作涉及的信息数量越来越多。因此，教学管理者需要具备一定的信息意识，能够应对每天各种复杂信息的挑战，并保持清晰的判断力和敏锐的洞察力。教学管理者若具备良好的信息意识，则会在工作中自发地寻找、整理、利用与教学管理相关的各种信息，用以提升自身工作效能。教学管理者除了需要保持对传统媒体信息的敏感性，还应该拥有积极的内在需求，能够在海量网络信息中快速辨别、筛选和提取与教学管理工作相关的信息，善于挖掘和利用这些信息的价值，以实现信息的可持续运用。

2. 具备信息技能

信息技能指的是利用信息技术进行高效学习和交流的能力，也就是将掌握信息技术的技能转化为能够独立、高效地进行学习和交流的能力。目前，衡量高校管理水平和综合实力的重要标准之一，是管理的信息化程度。教学管理者需要发展自身的信息获取能力、评估能力和信息加工能力，以便快速且准确地获取、筛选、整合及传递信息。教学管理者需要注意提高自己的综合信息技能，积极学习教学管理法规，提升协助管理的技巧，了解向领导提供管理和决策信息的重要性。这就需要教学管理者不仅要深入学习信息学理论，掌握信息知识和网络技术，还要将其应用于日常管理工作中，解决实际问题。此外，教学管理者还应具备熟练运用各种媒介，特别是利用网络传播手段实现部门、上下级及同事间信息交流的能力。

3. 具备信息道德

信息道德对应的是伦理规范，这种规范的体现过程包括信息获取过程、信息使用过程、信息创造过程及信息传播过程。

教学管理者必须在严格遵循信息法律法规及相关制度的基础上，具备一定的信息道德，加大对知识产权的保护力度。教学管理者必须具备良好的人生观和价值观，从根本上提升自己的自律能力，能拒绝不良信息的干扰和影响。教学管理者还要加强对信息安全保障、计算机维护等方面的学习，了解网络犯罪的相关常识。只有加强对教学管理者信息伦理道德的培养，才能从根本上规范教学管理者的管理行为。

信息素养的教育关系到学生如何在信息化社会立足这一基本点，不是简单的超前教育观，而是必须重视的现实问题。在信息化教学管理思维下，高校必须提升教学管理者的综合素质和管理能力。只有提升教学管理者的信息技术运用水平，提升其搜集信息、研究信息和处理信息的水平，才能满足高校信息化管理水平提升的最终需求。因此，在具体的教学管理队伍信息化建设过程中，高校必须严格遵循重在培养的原则。

（六）加强职业理想和职业道德教育

管理者只有树立了正确的职业理想，才能够正确面对和处理工作中的困难，才能够激励自己把个人理想与本校的战略目标结合起来，认识到自己工作的价值与意义，并努力实现自我价值，树立起牢固的职业理想和敬业精神。职业道德则是从业人员应当遵守的职业行为准则和规范。管理者的职业道德是指在高校管理、教育与服务工作中应该遵守的道德准则。高校管理者的工作对象是具有较高文化修养的教师与学生，他们的荣誉感和自尊心比其他社会成员更强，因此，高校对管理者的职业道德水平提出了更高的要求。这就要求管理者在工作中做到以下两点。

1.坚持正确的政治方向

管理者必须有较高的思想觉悟和政治觉悟，能够抵制各种不良风气和腐朽生活方式的侵蚀，始终坚定正确的政治方向，把爱国主义、集体主义和社会主义教育作为思想政治教育的主旋律。同时，正确处理奉献与索取的关系，将个人利益、集体利益与国家利益统一起来，把自己所从事的管理工作同高校、社会的发展联系起来，为高校学生管理工作贡献力量。

2.对管理者进行职业理想与道德教育

新形势下的高校学生管理工作对管理者提出了更高的要求，尤其是信息化建设的普及带来的教育环境的改变，更要求管理者边工作边学习，从传统的经验型管理者转变为紧跟时代潮流的学习型管理者。

另外，随着管理者工作年限的增加，高校也应该通过多种途径来保护与激发他们的工作热情。高校可对管理者进行职业理想与道德教育，丰富管理者的理论知识，提高他们工作的幸福感与积极性，提升管理者的综合素质与工作质量，从而使其保持工作热情高涨、学习态度积极、业务水平提高的良好状态。

（七）建立完善的管理人才进入与流动机制

首先，在选拔管理人才方面，高校应该以建设专业化管理队伍为目标，从各种专业人才中选拔管理人才。对于管理人才的选拔，高校要有明确的标准，确定具体的学历、专业知识、管理知识要求，要求管理人才有良好的政治觉悟与思想道德水平。

其次，高校应该明确管理岗位的职责范围，建立起一套涵盖工作任务、考核方法、待遇条件、职务升降、合理流动等方面的激励机制。对于业绩优秀、能力突出的管理人才应及时重用。

最后，高校要建立合理的考核激励评价体系，以一系列奖惩措施来激发管理人才的积极性，引入优胜劣汰的竞争激励机制，奖优罚劣，使奖惩直接与功绩、贡献挂钩，形成正确的行为和价值导向。对高校管理人才的考核要有科学性、易操作性的指标体系，采取定量与定性结合的考核方式及日常考核与年度考核结合的方法，保证考核结果的公平公正，使管理人才保持较高的工作业绩与积极性，从而促进个人与高校的共同发展。

（八）高校学生管理工作队伍培训

加强对高校学生管理工作队伍的培训是高等教育大众化、现代化、国际化的必然要求，也是提高管理者整体素质和专业化水平、实现高等教育管理科学化的重要途径。为此，高校要加强对管理者的马克思主义基本理论和党的路线、方针、政策的教育培训，不断增强和提升他们的马克思主义理论素养和政策意识，并提高他们运用马克思主义基本观点分析、解决现实问题的能力；加强对领导层的科学理论与高等教育理论的教育培训，不断提升领导者的领导素质和能力，并帮助其掌握高等教育规律和高校管理规律，使其运用所学理论指导管理实践。高校迫切需要让领导者树立大局观念，培养他们的全球意识，使其提高战略性思维，及时深入学习借鉴国外高等教育的经验，理解国际高等教育的前沿理论；并使用这些新的理论和国际视野来考虑本校的发展战略，以增强工作的预见性和前瞻性。对于管理者的培训教育，高校应该注重理论和实践相结合，采取集中培训和自主学习相结合的方式，既要实行脱产学习也要兼顾在岗研修，以不断提高他们的专业性和实用性。

对于管理者来说，要想提升自身的综合素质，必须主动参与到专业培训当中。相对于高校教师培训来说，管理者培训中存在的问题比较多。具体问题有四个：第一，培训制度和管理制度不完善。在当前的很多高校管理当中，存在管理者培训无章可循的问题。第二，缺乏合理的管理培训计划安排。在很多高校当中，其往往比较重视教师培训，对教师培训很早就进行了计划安排，也明确了其培训目标和方案，但管理者的培训工作却迟迟无法落实，不仅没有相应的培训计划安排，也没有科学合理的培训方案。第三，缺乏合理的培训方式及内容。对于高校教师来说，培训方式往往较多，不仅可以读进修班，还可以攻读学位、留学等，培训内容也比较系统化，但对于管理者来说，培训机会比较少，时间也比较短，且培训内容较为单一。第四，缺乏培训基地。在一部分高校当中，没有专门的管理者培训场所，也缺乏专业的管理干部培训部门，导致高校管理者无法提升自身素质。

因此，可以采取一些措施构建完善的培训方案。高校应该开展针对管理者的培训工作，并制定全面有效的培训制度，包括培训规划、目标、对象、方式、考核、奖惩等方面。同时，加强对管理队伍的宏观调控。高校管理干部培训中心已不能满足目前的管理干部培训需求，应适时拓展并向下延伸，提升其培训能力。为解决当前管理者的培训难题，可以在高校聚集地区设立培训中心。各高校应利用自身资源开展不同形式的管理者培训班，包括但不仅限于开设不同形式的讲座、管理经验交流会或派遣考察小组等。在制订培训计划时，各高校必须注重培训措施的针对性、可行性和效益性。

第五章 高校校园文化的功能与价值

高校校园文化作为一种高层次群体文化，具有独特的功能与价值。高校校园文化在促进学生全面成长和繁荣社会主义文化方面具有十分重要的功能与价值，具体表现为导向功能、育人功能、凝聚功能、约束功能、审美功能、调适功能、激励功能、实践功能、社会辐射功能等。本章围绕高校校园文化的功能和高校校园文化的价值展开研究。

第一节 高校校园文化的功能

一、导向功能

高校校园文化氛围可以对学生的思想与行为起到引导作用。一旦校园文化确立，它会根据自身的价值观和规范标准来约束校内人员的言行。如果有人的行为、观念与这些标准相悖，这时校园文化导向功能便会凸显，对相悖行为进行纠正，以引导他们追随高校的价值观和规范标准。因此，建立良好的校园文化可促进师生树立正确的世界观、人生观、价值观，并规范他们的言行举止。具体而言，校园文化的导向功能可以在价值选择导向与行为目标导向两个层面得到体现。

（一）价值选择导向

价值观代表一个人对周围事物的是非、善恶和重要性的评价，如对自由、平等、幸福、自尊、诚实、服从等的看法和取舍。有的人认为人生该以服务为目的，有的人以追求地位为目标，有的人重视物质享受，有的人注重工作的成就，这都是各人的价值观不同所导致的。一个人的价值取向虽然表现不尽相同，但总的类型不外乎是生命价值取向和事业价值取向两种。

首先，就生命价值取向而言，如何使学生树立正确的生命价值取向呢？《钢铁是怎样炼成的》中的主人公保尔说过，人最宝贵的是生命。人生最大的价值莫过于为这个世界创造价值、奉献自己。学习机会来之不易，当代学生应该加倍珍惜，努力获取知识和技能，有所作为，报效祖国和人民，创造生命的辉煌。校园文化在学生迈进校门的第一天起，就开始潜移默化的影响学生。

其次，就事业价值取向来讲，校园文化要向学生展示一个道理：人生在世，应该立志成就一番事业，成为国家的栋梁之材，对国家和人民有所贡献。立志是成才的大门，古往今来，每一个对社会做出巨大贡献的人都是有志气、有抱负的人。没有志向就没有人生奋斗目标，就会经不起生活海洋里的风浪，往往被碰得头破血流，甚至走向堕落和沉沦。当然，人生在世想成就一番大事业，除了立志、确立奋斗目标外，还要艰苦奋斗、坚韧不拔。在市场经济条件下，人才竞争十分激烈，人要想立于不败之地，就必须有超出常人的多种本领，而要掌握多种本领，就必须努力学习。正所谓"书山有路勤为径，学海无涯苦作舟。"

（二）行为目标导向

行为目标导向包括需求导向和动机导向。

首先，就需求导向而言，人们的一切活动都是为了满足某种需求，需求是行为的出发点。所谓需求，是指人对某种目标的渴求或欲望。高校要为学生创造舒适的学习环境和生活环境，创造充满人情味的人际环境，努力满足学生的合理需求。

其次，就动机导向来看，人的需求与动机是相关联的，当人的需求未得到满足时就会产生一种欲望，即一种要求满足需求的内在驱动力，这就是动机。人有了动机，就会去选择实现这种动机的目标。学生走进高校，自然是带着寻求知识、成就本领的动机和期望的，也有在舒适温馨的环境中寻求友谊、自由的动机。高校应把素质教育放在重要地位，以教学为中心，提高学生的学习兴趣，同时准确找到与学生求新求变、渴望自主掌握学习技能的行为动机相结合的切入点，尽可能地从传统教育的模式中解放出来。当然，学生的学习动机能否保持良好的势态，还会因人而异，因环境而异，高校需要不断矫正，使学生保持良好的心态，朝着正确的目标前进。

二、育人功能

（一）陶冶师生的情操

在校园里创造出舒适、个性化的环境对于陶冶师生的情操具有非常积极的作用，这种环境相当于春风细雨，能够深深地影响师生的精神世界。在美丽的校园环境中，师生不仅能体验优雅的氛围，更能深刻地领悟美的真谛。这种感受渐渐地转化为他们对校园的深厚热爱，进而激发了他们对家乡和祖国的热爱之情，这也塑造了他们高尚的品格。在优美精致的校园环境中感受校园文化的浓厚氛围，能促进学生身心健康的发展和思维的进步。校园中健康高尚的文化氛围，可以有效地抑制庸俗、无理性的文化和消极堕落的思想。这不仅有助于培养师生正确的世界观、人生观和价值观，而且可以创造一个优良的校园氛围。

（二）规范师生的行为

通过健全的规章制度和良好的集体思想行为，高校校园文化可以对教师和学生的思想、言行进行有效的规范。如果师生的思想、言行与高校的规章制度不相符，他们就会自我纠正并适应高校的基本理念和价值观。

（三）培养创新型人才

创新型人才就是具有较强的创新能力和敏捷的创新思维，能够将自身创新素质合理地与专业领域相结合，进而开发出具有创造性成果的人才。培养创新型人才的实质是培养人才的创新能力，而创新能力来自创新思维，创新思维需要丰厚的文化积累。在对人才创新能力、创新思维的培养上，校园文化可通过创设一种特殊的文化环境来实现课堂以外的创新教育目的和教育效果。一般说来，创新型人才的文化素养都比较好。张维平曾从五个方面论述了高校校园文化对创新型人才的影响，现对其观点做如下分析[①]。

1. 对学生心理素质的影响

一般来说，每个人都有创新潜力，良好的心理素质能使这种创新潜力得到充分发挥。学生在培养自我创新能力的过程中，首先要有自信心，相信自己能够成功，拿出一个创新者的姿态来，树立远大目标，开拓事业。其次要有激情，激情是一种巨大的内动力，激情的驱使，可以使人变得非常敏捷、好奇、有毅力。最后要具备坚强意志，在困难面前表现出坚韧不拔的勇气，在失败时表现出不屈不挠的精神，能够经受住生活上和精神上的折磨。具备这些良好的心理素质，有利于人才做出创新性的成果。高校积极向上的校园文化作为微观的文化氛围，构成了校园内部的心理环境，潜移默化地影响着学生的理想、追求、道德、感情和行为，帮助学生树立自信、激发激情、磨炼意志、锻炼勇气，发挥着凝聚、规范、激励和导向作用。

---

① 张维平 . 校园文化建设与创新人才培养的理论与实践 [J] . 青海社会科学，2008（2）：179–182.

2. 对学生创新性思维方法的影响

但凡利用科学技术进行发明创新，首先需要思维方法的创新。特别是在研究复杂问题和前沿问题时，就不能只用那种简单思维和机械性思维，需要创新性思维。为了提高创新能力，高校学生要像锻炼身体那样在校园文化活动中锻炼自己的思维。特别是在校园科技活动中，要善于把逻辑思维与形象思维结合起来，把聚合思维与扩散思维结合起来，把求同思维与求异思维结合起来，经常性地进行类比、联想、想象、猜测、构思和开拓，从而产生直觉，激发灵感。

3. 对学生创新人格和创新能力的影响

创新能力不仅包括智能层面，还包括人格层面。例如，同是高智商的两组人，他们取得不同成就的原因在于他们的非智力因素不同。成就最大的一组的非智力因素，如谨慎、有进取心、不屈不挠、完成任务的坚持性等明显高于成就最小的一组。研究还发现，与智力相比，人的创新能力受兴趣、爱好、情绪、意志、动机等意向的制约更大。

高校在学生人格培养方面还应注意以下几个方面：自信与乐观、独立与合作、忍耐与有恒、好奇与兴趣、想象与幽默等。高品位的校园文化中充满智慧和文化。睿智的教师和有较强求知欲的学生，带着学术的良知与责任，探求真理，他们相互激励、教学相长，不断寻求理想的光芒，享受知识与智慧带来的无与伦比的乐趣。师生共同营造出的高品位的校园文化，能反过来激发学生无穷的想象力，引导他们去追求、去探索、去奋斗，形成创造性的人格特征。

4. 对学生创新精神的影响

创新是人类永恒的活动，是主体发展的最高形式。创新活动作为人的自觉行动，是人社会性的体现，是人创造性的外化。学生的创新离不开社会对其品质的评价和价值的判断，评价和判断的结果是对其创新精神的引导。所以，创新活动是有价值的，学生创新精神的养成离不开正确的价值导向。高品位校园文化的先进性和感染性会激发学生的爱国主义、集体主义和社会主义思想道德素质，引导学生自觉树立正确的世界观、人生观和价值观，帮助学生确立正确的创新目标，鼓励学生正当竞争，在推动社会进步中实现人生价值。高品位的校园文化还以其典型示范性和良好的集体舆论性来谴责一切不道德的行为，在这样的氛围中成长的学生热爱祖国、关心自然、关爱全人类，具有较强的责任心和社会责任感，也必然具有良好的创新精神。

5.对学生创新潜能的影响

需求与追求是创新的必要条件，与低级需求相比，高级需求背景下的创新的成功率更高。因此，社会可通过提高人的创造需求从而激活其创新潜能，使之处于高能状态，这种高能状态一旦释放能量就会实现创新。校园文化的创新性、感染性和灵活多样性为学生提供了观察、参与和思考的空间和机会，使其能在这种浸润和渗透中实现创新或保持准备创新状态，如学术报告就给学生提供了一个能够批判或能够持怀疑态度的机会，在这个环境中，学生的独立个性、独立人格尽情显现，极大地激活了学生的创新潜能。由此看来，高品位校园文化的特性激发和培养了学生的创新能力；同样，学生创新能力的提高也必然会影响和促进高品位校园文化的形成。

（四）培养师生的集体意识

校园文化的建设应注重培养高校师生的集体意识，以塑造高校的形象。这意味着师生需要维护个人与集体的平衡，并注重合作，以集体利益为重，甚至在某些必要情况下愿意为集体利益放弃个人利益。外部环境的要求和个人成长的需要，都需要师生相互协作，建立一种友好互助、和谐的集体氛围。相反地，一个互相尊重、紧密合作的群体可以让师生感受到集体氛围的温暖，领会到集体力量的不可估量。这将激发师生树立起集体主义价值观念，自觉遵守群体规范，对他人宽容，对自己严格要求。

（五）培养师生的健康个性

师生都追求精神生活的多姿多彩，而这种多姿多彩与个人的兴趣爱好息息相关。高校校园文化充分考虑了师生精神需求的多样性和个性化特点，使每个人都能找到适合自己的文化内容与形式。在校园文化的渗透下，师生能够发现自己的价值，并因此增强自主性和自豪感。这样的文化氛围也促进了师生积极向上的生活和学习态度的形成。在校园文化建设中，师生既是主要推动者，也是实践者和组织者，扮演着重要的角色。校园文化的熏陶，可以激发师生的兴趣和创造力，增强他们的动手能力，同时，也能够使其树立热爱劳动的观念，磨炼师生意志，并提高他们的组织管理能力。

三、凝聚功能

对于学生来说，高校校园文化是精神力量的"强磁场"，因为高校校园的文化氛围、文化环境特别是共同的价值观念、校园精神，能够激发学生对高校教育目标、准则的认同感和作为高校一员的使命感、自豪感、归属感，形成强烈的向心力、内聚力和群体意识，从而使个体目标整合为高校总目标。高校校园文化为校内成员的凝聚提供坚实的精神基础——目标、价值、理想、信念、共识、同感等的同时，也为有效解决高校内部矛盾与冲突提供了正确的准则。没有健康的校园文化，就没有高校组织的凝聚力和战斗力。同时，校园文化对于新加入的师生有转化、融合的功能，新的师生经过耳濡目染后，会潜移默化地受到熏陶感染，逐步融入高校整体中去，成为校园文化的继承者和传递者。在校园文化的影响下，校内人员的思想和前途命运与高校事业发展紧密联系在一起，使他们感到个人的学习、工作、生活等一切都离不开高校这个集体，进而会去关心它，爱护它。

四、约束功能

现代区域文化管理理论认为，当一定的区域或组织形成某种历史传统、文化观念、共同的价值准则、道德规范以后，在组织目标和个人目标的矛盾中就找到了一个统一的理想的平衡点。由此，在区域文化这个公正无私的"管理者"面前，个人的价值观被潜移默化地引导和同化，被管理者虽没有来自管理者的压力，却无形地受到区域文化的约束和规范，任何人必须时时刻刻考虑自己的言行举止、道德品质能否被无形的却又客观存在的区域文化所接纳。校园文化作为一种区域文化，对师生的思想、心理和行为具有约束和规范作用。具体来讲，这种约束功能可分为组织约束、制度约束和观念约束三个层次。

（一）组织约束

校园文化建设是一个复杂的、开放的、多元并存的系统工程，必须进行整体设计规划，使校园文化建设有目的、有计划、有组织地进行。具体来讲，高校应该从学生文化到教职工文化、从物质文化到精神文化、从课内文化到课余文化、从通俗文化到高雅文化、从学习区文化到生活区文化做全面考虑，整体设计，以实现整体功能优化。这就需要高校从组织上对社团活动进行约束、协调、引导，加强对校园社团的管理、对校园文化阵地和活动时间的管理，加强党团组织对校园文化的领导和引导，形成稳定的以高校宣传部门、学生工作部门、团委、学生会及学生社团为主体的校园文化建设的组织系统，保证校园文化能够健康、积极地发展。

（二）制度约束

高校校园文化中的各种团体活动必须受到高校规章制度的约束，不能违背校纪校规，这样才能保证社团活动顺利进行，使活动内容不偏离校园文化的方向。正所谓"无规矩，不成方圆"，社团活动需要得到高校有关部门的支持，无形中必然会受到高校各种制度的约束。为了使社团高效运转，社团负责人必须协调好社团内部的分工，处理好社团中各成员之间的关系，明确权利和义务，建立社团的章程和规章制度。这些制度的约束使原本松散的团体有了必要的纪律约束，使校园文化向更加有序、更具教育意义的方向发展。

理论和实践证明，坚持自由和纪律的统一、理性与情感的统一是校园文化建设应遵循的原则。校园文化中的制度约束从制度层面保证了校园文化朝着高校的教育目标迈进，为高校育人目标的实现提供了强有力的保障。

（三）观念约束

高校校园文化的本质意义和最高价值在于促进校内人员的发展，校园文化的目标在于使校内人员逐步形成一种积极、健康、向上的整体价值观。校园价值观浸润在校园文化诸多形态之中，是校园文化的核心和基础。

高校是培育有理想、有道德、有文化、有纪律的社会主义公民，提高全体人民的思想道德素质和科学文化素质的重要基地，必须全面贯彻党的教育方针，坚持社会主义办学方向，加强思想道德建设，对学生进行理想信念教育和理想人格的培养，使学生站在更高的层面，具备广阔的视野，形成强烈的历史使命感和责任感，形成敢为天下先的创新精神和勇于追求真理的科学态度。

五、审美功能

人类按照美的规律改造客观世界，同时也按照美的规律塑造主观世界，高校教育应以美益智，审美教育则是两者的支点。高校应为学生提供学习科学文化知识的机会，创造在音乐、美术、文学、体育和劳动技术等领域发展个性和才能的良好条件，创设参加集体活动、增进人际交往、进行语言交流、培养意志品质的场所。校园文化环境对学生的成长具有陶冶作用。这种文化环境的熏陶不是被动的、强加于人的，而是耳濡目染的、潜移默化的。在校园文化建设中，高校一方面要为学生创设优美的物质环境，另一方面应开展丰富多彩的活动，加强学生之间、学生与教师之间的理解与沟通，引导学生充分了解和体验生存与生活的意义，培养胸襟广阔、人格健全，能充分把握生命意义的人。

六、调适功能

高校校园文化的调适功能主要是指校园文化对广大师生的思想行为、身心健康具有调节功能，能使师生积极健康地成长，具备良好的心理素质、和谐的人际关系，形成健全的人格。

高校校园文化的调适功能包括环境调适、人际调适和心理调适三个方面。

（一）环境调适

良好的校园环境能潜移默化地对学生进行美的熏陶，具有极大的美育功能；能形成一种无形的约束力，使学生自觉地约束自己的言行，使人和环境保持和谐一致，从而心情愉快地工作和学习。

各高校应根据自身的教育性质和培养目标，按照美观、和谐、经济、实用的原则，建设校园环境，在充分考虑实用功能的同时，尽可能掺入一些审美的因素。因为不同的空间结构、空间组合和空间比例会给人不同的审美感觉，使人产生不同的审美体验，因此高校从教学主楼的构建到每个教室的设计、从黑板的形状到讲台的比例、从人文景观的修建到环境色彩的选择都要体现出不同的审美风格，体现对美的追求。校园的绿化景观可以优化校园环境，而校园环境的整洁、明朗、幽静、舒适能够促使学生身心健康发展。

（二）人际调适

高校校园文化活动具有多样性，可以从不同方面、不同层次为学生提供锻炼社会适应能力的条件和机会，使学生在学习知识的同时兼顾能力锻炼。良好的人际关系既有利于学生交流信息、联络感情，又有利于交往双方相互激励，形成互补，产生合力。在由具有共同兴趣、爱好和特长的学生组成的各种沙龙和社团中，随着内部活动的增加，交流、接触机会的增多，学生可以与他人进行情感的交流和心理的沟通，从而拥有一种归属感和安全感。

通过校园文化活动，学生之间、师生之间有了更多相互接触和了解的机会，建立起了平等、信任、理解的互动关系。不同形式的校园文化活动能使学生在实践中学会协调和处理各方面的人际关系，提高自身的交往能力。

（三）心理调适

丰富多彩的校园文化活动可以使学生在紧张的学习之余，得到短暂放松。健康、愉快的业余生活为学生身心的健康发展创造了良好的条件。校园文化活动有利于培养学生的科学思维方式，完善学生的知识结构。人的思维方式和知识结构是相通的。知识结构比较窄的人对事物的观察和思考往往很片面，很容易钻牛角尖，看问题偏激；知识结构比较合理的人，视野则比较开阔，思维比较敏捷，往往能从不同方面、不同层次考虑问题。

七、激励功能

高校校园文化的激励功能主要是精神激励，是指它能够强化学生的工作、学习动机，满足学生的高层次需要，调动学生的积极性、主动性和创造性，激发和推动学生保持高昂的情绪和奋发进取的精神去完成学习任务。管理心理学认为，动机引起行为，行为指向目标。高校校园文化能够满足学生的各种精神需要，激发学生产生并保持积极的学习心态。校园文化对积极因素起到一种宣传激励作用，如领导的热心教育、教师的严谨治学、学生的勤奋上进等。这些观念、行为和良好的校园文化完全吻合，就必然受到称赞、宣扬，同时也会使人们自然地向这个方面努力，这反映了校园文化对正面事物的激励效应。高校校园文化以其激励优势来满足学生多层次、多样化的需要，并对那些不合理的需要，通过校园精神的调节，使其趋向合理，推动个体积极向上，从而形成活力，形成奋发向上的整体力量，使师生自我激励，形成一种你追我赶的激励环境和激励机制，产生持久的驱动力。

激励的过程其实就是需要不断得到满足的过程。按照需要层次论的观点，高校校园文化能够满足学生多种更高层次的需要。需要层次论认为，人的需要分为生理需要、安全需要、社交需要、尊重需要、求知需要、审美需要和自我实现需要等 7 个层次；需要除了受年龄因素影响外，还受经济状况和教育水平的影响，人的受教育程度越高，就越需要向高层次发展。在高校，校内人员一向被人们尊称为知识分子，教师在现实社会中无论是经济水平，还是社会地位都居于"中产阶层"；学生由于受到家庭和社会的供养和资助，所以一般也不存在生活保障方面的经济问题。因此，学生的需要更多地集中在社交、尊重、求知、审美和自我实现等高层次的需要上。高校校园文化正好能够满足学生的这些需要。高校校园文化能够使大学生置身于良好的心理氛围和人际环境之中，为学生搭建最优的知识学习平台，提供很好的文化享受和文化创造的空间，以及设施、模式与规范等，在这里，学生的兴趣、理想与信念得以实现和升华。

八、实践功能

随着分配、就业、劳动用工、干部人事制度的改革推进，高校学生正面临越来越多的挑战。如果想在人才竞争中获得胜利，学生就必须认识到竞争的激烈性，并且不断提升自己的竞争力。在校园中，组织各类比赛和活动，对于培养学生的竞争意识和积极参与精神具有非常重要的意义，它在激发学生的竞争激情的同时，还能够让他们在竞争中得到各方面能力地锻炼，从而提升其竞争能力。在未来的社会中，人们需要具备更高水平的人际交往能力。因此，未来社会对于人才在社交方面的要求将日益提高。目前多数学生是独生子女，缺乏正确的主动交往技巧。高校校园文化建设需要学生充分发挥主体作用，作为行为主体积极参与和组织校园文化活动，助力校园文化建设。丰富多彩的校园文化活动有助于学生的全面发展，它不仅能培养学生的兴趣特长、创造能力，提高学生的动手能力，而且能使学生树立起热爱劳动的观念。此外，校园文化活动还有助于锻炼学生的意志和提高他们的组织管理能力，为他们未来走向社会打下坚实的基础。

九、社会辐射功能

高校校园文化的辐射功能，是指校园文化一旦形成较为固定的模式，不仅会在校园内发挥作用，而且也会通过各种渠道对社会产生影响。

（一）高校校园文化是社会主义精神文明的一部分

高校的精神内涵经常通过高校校园文化来具体展示和表达。以前，人们只是从校园本体孤立地理解校园文化，认为它只是高校内部的事情。如今，社会的开放性已经使各个社会系统之间的隔阂不复存在，高校校园也已经与整个社会系统相互融合，尤其是与所在地区之间的关系日益密切。随着知识经济时代的到来，高校的经济和文化价值在社会层面上得到了提升。因此，校园文化和社会文明相互促进、相辅相成，使得校园文化成为社会主义精神文明的一个重要组成部分。

校园文化是社会主义精神文明中群众性文化的一个有机组成部分，在培养跨世纪人才方面有着重要的地位和作用。高校是融知识传授、科研技能和素质培养为一体的高级人才培养基地，健康向上的校园文化为学生全面发展提供了精神环境和文化氛围，并以其强大的感召力对学生精神、心灵、人格进行着塑造。加强校园文化建设是促进社会主义精神文明建设的重要举措。校园文化是整个社会文化的重要组成部分，是社会主义精神文明的重要内容。高校作为社会主义精神文明建设的重要阵地和窗口，加强校园文化建设，不仅可以为广大师生营造一个良好的学习、生活、工作环境，陶冶师生高尚的道德情操，培养积极向上的人生精神，提高师生文明程度，还可以通过高校辐射社会、家庭，积极推动社会主义精神文明建设。

（二）高校校园文化对社会文化变革的价值

校园文化不只在高校内部起作用，还会通过各种途径传播到社会上，对社会产生影响，这就是校园文化的示范和辐射功能。优秀的校园文化是一所高校的精髓和灵魂，是构成高校办学实力的重要组成部分，对其他高校和社会组织可起到示范作用。优秀、先进的校园文化会通过校内的学生、教职员工、科学技术成果、舆论宣传和丰富多彩的活动辐射到社会上，对社会文化建设起着引导作用，能有力地改善和调节社会文化大环境。

校园被认为是人类社会的文化圣地，其中，古籍书库储存着大量的传统文化，而讲座教室则传达着最新的国内外文化信息。在校园中，各种文化因新旧、激进与保守、传统与现代、国内与国外的不同而不断发生碰撞，人们借此进行着批判、接纳、消化和再创造的活动。校园文化以其最高的技巧、最好的载体、最大的热情塑造着社会的理想文化。在这里，传统文化经历了转型，外部文化逐渐融入，主流文化被超越，各种文化逐渐结合在一起。

校园文化影响社会文化变革方式主要体现在以下两个方面：①学生在社会中的文化行为直接对社会产生影响；②这些行为作为校园文化的示范效应，会促使社会发生变化。此外，校园文化还具有渗透作用，当学生毕业踏入社会，他们从校内文化中获得的惯性行为会在一段时间内对社会主流文化产生影响。高校应推动校园文化的变革，并进行教育制度的革新，培养并锻炼出一批具备全新思想的年轻接班人，从而促进整个社会的发展和变革。因此，为了促进社会主义精神文明建设，高校需要从宏观的角度出发，全面规划和指导校园文化建设，以便使其成为促进社会主义精神文明建设的重要推动力。

首先，校园文化往往是新思想的发源地。校园集中了社会上大部分思想家和人文社会科学研究者，他们接受新信息较快，思考问题理论化和专业化的水平较高；不仅如此，他们有责任和义务为社会做宏观、长远和深层次的思考，给社会"把脉"，替社会谋划，为社会探索；其在对外引进和自主创新这两方面，具有一定的领先性、前导性甚至是超前性。

其次，校园也是新科学、新知识的发源地。校园的使命就是探索与传播新科学、新知识，但新科学、新知识的传播往往不限于在校园内。一方面，新科学、新知识吸引社会上的各种人才定期涌入校园充电；另一方面，教授也会走出校园，在社会上传播新科学、新知识，从而把新科学、新知识送进千家万户，他们不仅是学生的教师，某种意义上也是社会的教师，理应走在时代前列。

（三）高校校园文化是社会精神产品的生产源

高校的创造力为其走在时代前列提供了无限的动力源泉，而高校特有的思想兼容、百家争鸣的学术氛围又保证了各种思想观念在校园里同时存在，有利于形成较为和谐的精神环境，有利于创造良好的精神产品。高校是学术的殿堂，能够创造精神产品，从而保障高校在科学技术发展史中的重要地位，创造精神产品也为高校在教育系统中不断以全新的知识教育学生提供了有力的支持。另外，精神产品的创造更是对社会的直接贡献。

校园文化有助于引领和推动民族文化的创新与更新，它以跨文化交流为特色，在高校校园内交汇融合中西文化，促进了学生思想和观念的创新。学生文化心理深层结构中的意识，是受到其思想、观念、心理素质和行为方式等的影响而渐渐形成的。这种新的文化观念通过学生在社会中得到了广泛传播，并对我国人民的心理和文化方面产生了深刻的影响。相反地，高校所呈现的新思潮与新观念通过多种途径进入社会，为民族文化带来了巨大的改变和更新。

高校要循循善诱，善于传播弘扬优秀的民族文化、民族精神，并借鉴西方文明成果，通过对人类理性精神和人文精神的创造，形成科学精神与民主精神相统一的校园精神，使之感染和激发广大师生形成团结向上、积极进取的精神风貌，这才是一所高校长久生命力和感召力存在的原因。

第二节　高校校园文化的价值

一、高校校园文化是思想政治教育的重要载体

高校校园文化与思想政治教育之间相互联系、相互依存。

从高校校园文化的角度看，其核心层次——精神层的内容包括高校目标、教育思想、高校精神、校风学风、高校道德等，这些均属于思想政治教育的范畴；其中间层次——制度层的形成和贯彻，也离不开思想政治教育的保证作用。从高校思想政治教育的角度看，大部分内容直接与高校的育人工作有关，而这些内容又可以划入高校校园文化的范畴。

从高校校园文化与思想政治教育的关系可以看出，高校校园文化建设是思想政治教育与管理工作相结合的一个最佳形式，是开展高校思想政治教育的有效途径和重要载体。高校校园文化使高校人文精神形象化并融入了学生的实践活动中，因此它的育人功能是不可替代的。高校校园文化把教书育人、管理育人、服务育人、环境育人有效地整合了起来，构建起大德育的格局，形成了功能互补的全员育人环境。广大学生在良好的高校校园文化氛围中，会自觉或不自觉地受其影响和熏陶，逐步升华和完善自己。高校校园文化有利于加速学生社会化的进程，因为高校校园文化既注重对学生人格的塑造，又为其个性的显现和发展提供了机会和空间，使学生在接触社会、体验人生、增长才干的同时，加快了自身社会化的进程。

二、高校校园文化是培养高素质人才的内在需要

首先，良好的校园文化有利于塑造学生高尚的道德情操、健全的人格。当代学生的身心可塑性强，但社会经验不足，缺乏对外界复杂事物的正确分析和判断能力，他们一方面渴望成长，希望得到他人和社会的认可；另一方面感性意识强，理性意识不足，缺乏实践经验。在学生的成长过程中，博大精深的高校校园文化像一个强有力的磁场一样，对学生有极强的吸引力和感染力。高校校园文化有时是有形的，如校园的一草一木、一砖一瓦，校园文化活动和目不暇接的学术讲座，学识渊博、态度和蔼的学者等；有时又是无形的，如历经岁月变迁而凝聚的精神文明和文化传统。

其次，良好的校园文化有利于培养学生的创新能力和专业素质。高校包含两个基本任务：一是人才培养，即为社会输送合格人才；二是学术创新，即引领社会浪潮。人才培养又不外乎有两个主要培养目标，即"德"和"才"。社会需要高校培养的是个性与人格得到全面发展、具有过硬的专业素养与创新能力的人才，就是人们通常所说的"德才兼备"。创新精神是一个民族的重要特质，一个民族如果没有创新精神，就会永远落后，就会在科学技术迅猛发展、社会激烈竞争的时代逐渐走向衰亡。高校培养的人才尤其需要有创新意识，而拥有创新意识的前提是要有过硬的理论知识，否则创新就会成为无源之水、无本之木，就会成为一句空话。高校的精神文化、物质文化、制度文化和行为文化无疑是高校人才培养的重要组成部分，其对学生专业素质的培养和创新能力的提升有着很好的推动作用。高校校园文化活动是培养创新人才的重要渠道。课堂教学作为校园文化活动的一种形式，在教书育人的过程中可以提高学生的创新能力和专业素质。在课堂之外，高校利用各种文化设施开展的各种文化活动，如知识竞赛、文艺沙龙、文

化培训等，也可以使学生相应地获得某一方面的文化知识，增强其以创新为荣的意识，提高其专业素质。

三、高校校园文化是提高高校核心竞争力的重要手段

核心竞争力是伴随知识经济时代的到来而产生的一个新概念，最早由美国学者普拉哈拉德和加里·哈默尔于 1990 年在权威杂志《哈佛商业评论》发表的《公司的核心竞争力》一文中提出。高校核心竞争力就是高校在长期的办学实践中不断积累形成的并蕴含于内质中为高校所独有的、使高校在可持续发展中保持竞争优势的核心能力，它主要表现为高校凝聚力、高校办学特色、高校独有的办学资源与办学成果，具有形成的长期性、价值的潜在性、资产的无形性和能力的整体性等特点；它是高校综合实力的直接体现，反映着高校的办学质量、发展水平及社会声誉等。高校核心竞争力不仅表现为有形的外在物质，还表现为无形的精神文明，而以精神文明为核心的校园文化是高校的灵魂与原动力，没有先进文化的高校是没有凝聚力和竞争力的。先进的高校校园文化能聚人心、激斗志，创造自由的学术氛围和以人为本的育人环境。高校校园文化的力量深深地融进了高校的生命力、创造力和感染力之中，是一种不可或缺的软实力，是高校赖以生存、发展、办学和承担重大社会责任的根本保障。

自 20 世纪 90 年代中期以来，高校一直处于激烈的竞争之中。各高校之间的竞争不仅表现在硬实力上，还表现在软实力上。高校校园文化便是软实力，也是核心竞争力。国内外许多知名高校之所以能获得人们的肯定，不仅是因为其有较强的硬实力，还因为其具有较强的软实力。一所高校悠久的历史、长期形成的办学理念、声名远扬的校训、严谨的校风和学术氛围、师生中约定俗成的习惯等都能体现出该校深厚的文化底蕴。硬实力可以通过财力改善，软实力却是无形资产，软实力建设起来更难、更重要。高校校园文化是一种精神，是引导人、激励人、鼓舞人的内在动力。高校精神文明的形成是需要经过历史的积淀的，而不是短期内就可实现的。从各个高校的发展史来看，每一所成功的高校都建立在精神文明的基础之上，而精神文明的保持和传承则离不开校园文化的支持和推动。因此，各高校需要认识到校园文化对自身发展的深远影响，创造并培养具有独特个性且符合时代发展的校园文化，从而提升核心竞争力，推动各项事业又好又快地发展。

第六章　高校校园文化建设的基本内容

高校校园文化是高校在长期办学实践中形成的，由全体师生员工共同创造并传承的，反映师生共同理念信念、价值取向、思维方式、行为规范的总和。高校校园文化建设包含精神文化建设、物质文化建设、制度文化建设、行为文化建设四个方面。本章围绕高校校园精神文化建设、高校校园物质文化建设、高校校园制度文化建设、高校校园行为文化建设等内容展开研究。

第一节　高校校园精神文化建设

一、高校校园精神文化的特征

高校校园文化的最高表现形式是校园精神文化，它体现了高校的本质、个性和精神内涵，其以潜移默化的方式引导和规范着学生的思想和行为，旨在帮助学生树立坚定的社会主义信仰和理想，树立科学的世界观和正确的人生观、价值观，弘扬良好的道德品质和文明行为，让学生自觉爱国、爱党、爱校，并养成知荣明耻的好习惯。高校独特、鲜明的个性和办学理念在校园精神文化中得到了集中展现。以下是高校校园精神文化的特征。

（一）时代性

高校作为文化中心，应该建设符合我国建设民族的科学的大众的文化的基本纲领的校园精神文化。因此，当今中国高校的校园精神文化不仅包含传统文化的人文精神，也融入了工业社会的人本精神，两者相互交织，它应当既汲取东西方文化精髓之所长，同时也应保持中国本土特色。此举可以同步推动社会主义精神文明的发展，并彰显社会追求人类福祉的最终价值目标。

（二）实践性

高等教育机构的精神文化包括主客体的多个关系。其中，主体包括教师和学生，客体是校园文化的各种形式，如传统、风俗和制度等。而实践则起到主客体之间的沟通和整合作用，校园文化是在实践过程中逐渐形成和发展的，并且在实践中共同创造了主体的文化价值。高校是造就优秀人才的重要场所，学生应该具备追求真理、善良的品质。校园文化的构建需要学生进行自我表达、自我教育、自我管理和自我提升。

二、高校校园精神文化建设的作用

校园精神文化反映了一所高校在长期的办学历程中形成的理念、信念、情操、道德标准和价值观，以及独特的校园文化风貌。校园精神文化的影响力十分广泛，就像水那样无处不在，可以渗透到校园的每个角落，既可以温润大地，也可以形成磅礴巨流。具体地说，校园精神文化不仅具有独特的引导作用，还有助于培育学生的积极品质和正确的价值观。

校园精神文化作为高校精神的核心体现，它在人才培养方面发挥了不可或缺的作用。高校学生正处于人生观、世界观、价值观形成的关键时期，他们的认知水平和辨别能力还需进一步提高。当前时代是一个开放的时代，随着现代科技的高速发展，网络世界的多样性也日益增强。外界的诱惑对学生的成长带来了许多挑战，造成了很多不利影响。

因此，高校需要在校园内营造一个积极向上的文化环境，使学生的思想和心灵能够不自觉地受到净化和洗礼，提高他们的理论学习能力和辨别能力。通过这种方式，高校能够发挥校园精神文化建设的德育作用，帮助学生塑造正确的世界观、人生观和价值观，从而使他们能够分辨真善美和假恶丑，在外部环境的诱惑面前保持正确的态度。

三、高校校园精神文化建设的策略

（一）明确办学理念，建设特色校园精神文化

精神文化在高校中发挥着重要的作用，其潜移默化地影响着师生的行为和思想。因此，高校应该更加注重校园精神文化的建设。由于每所高校都有其独特的特点和专业方向，因此高校需要根据自身的特色和类型，打造独具特色的校园文化。这是高校实现整体发展的关键步骤。要在校园内形成一种独特的校园精神文

化，高校需要先明确办学理念，以此为基础制定相应的规章制度；而师生也需要遵守这些规章制度，以约束自己的行为和思想，从而慢慢地形成校园独有的精神文化氛围。各个高校都有其独特的类型和办学理念，因此各个高校必须清楚地认识自身的特点，以建立独特的精神文化。

另外，高校精神文化建设需要通过独特的校园文化活动来实现。这些校园文化活动需要根据高校的特点、不同专业的特色及所处地理位置进行针对性设计和展开。要想在高校校园内建设良好的文化氛围，必须把精神文化建设置于优先位置。因为只有确立了符合高校特色的办学理念和精神文化，才能够围绕其展开各项活动和制定各项规章制度。

近年来，各大高校之间的竞争越来越激烈，怎样才能在激烈的竞争中脱颖而出，成了不少高校需要认真思考的难题。高校彼此间存在许多共性，但也有差异。若想在竞争中占据优势，则需深入掌握和分析自身特点，并探索独具特色的发展之路。为了在竞争中有所突出，高校需要在校园文化建设方面下功夫，打造独具特色的精神文化。只有这样，才能保持领先优势。高校应该根据自身的发展历程、教学类型和教育目标来认清自己的强项和弱点，真实客观地评估自身，不盲从潮流，挖掘自身独有的特点，并且在此基础上建立自己的教育理念，将其作为校园文化建设的基石和核心。

办学理念是校园精神文化的核心部分，确立自己独特的办学理念是高校构建特色发展之路的重要方面，特色就是个性，特色也是创新，要走特色发展的道路，首先要先创立自己的办学理念，在创立过程中尤其要注意以下三个方面：

首先，高校在确立独特的教学理念时，需要全面考虑自身专业特长、历史变化和所在地理位置等多方面因素。高校可依据其专业类型分为三种，即注重研究的研究型高校、注重教学的教学型高校、注重技术的技术型高校。也可以根据学科分类为文科、理科、工科院校。此外，在高校中，地域文化对精神文化的发展也产生了一定的影响。如果一所高校位于北京，那么它的精神文化将会受到北京文化的影响。如果高校在湖南，在精神文化方面将会受到湖南文化的熏陶。如果高校位于湖北，那么荆楚文化势必会对其精神文化的发展产生影响。这种影响将延续数十年之久，因此高校在制定独树一帜的办学理念时，需要综合考虑当地文化精髓和自身特色。

其次，高校建设的成功与否在很大程度上取决于校长。高校的进步与发展需要有一位具有出色领导才能的校长来引领。高校的高度取决于校长的视野，高校的声誉受到校长优良品质的影响，高校的专业性则与校长的学识息息相关。高校是以教授知识和培养人才为目的的地方，因此高校的声誉和影响力备受关注。在此背景下，校长作为高校发展的总规划者，扮演着至关重要的角色。例如，蔡元培担任北京大学校长、梅贻琦担任清华大学校长、竺可桢担任浙江大学校长、张伯苓担任南开大学校长等，他们共同谱写了各个高校的历史。这表明，优秀的校长在高水平、有特色的高校办学理念形成方面具有至关重要的作用。

最后，结合社会发展的需求与其他国家保持沟通和交流，形成具有特色的教育理念。自21世纪以来，市场经济蓬勃发展，各行各业都迎来了大量机遇与挑战，也因此需要大量的高科技人才来进行创新，以满足市场需求。为了紧密贴合社会发展的趋势，许多高校会与各行各业的企业进行沟通，深入了解企业需求，并根据市场的变化不断调整自身的教学理念，以便为社会培养和输送精英人才。

在经济全球化的影响下，我国高校独特的办学理念开始与世界文化紧密融合。高校在发展过程中必须自觉加速国际化进程，以拓宽视野为目标。在文化和教育领域，高校需要与世界各地的学府进行交流，从国外名校的先进办学经验中吸取营养，并将其融合到自己的教育理念中。这样才能够为我国的现代化建设培养出一大批敢于攀登国际科技文化领域高峰的人才。

（二）加强网络文化阵地建设

现今，互联网已成为校园文化建设的新渠道，如何利用网络文化的积极影响，避免其负面影响，优化校园网络环境并提升网络文化的品质，是打造和谐高校需要思考的问题。高校应当主动适应校园网络文化的发展趋势，遵循积极发展、加强管理、谨慎利用、避免风险的基本原则。

一是加强校园网络建设，让校园网成为师生共同享有的精神文化之家。高校可以开设网络专区，专门为学生提供国内外重要新闻，以便使他们更深入地了解各地的现状与政治情况。

二是建立网上团校、党校，利用微博等前沿网络技术，向学生传授中国特色社会主义理论和社会主义核心价值观，让他们的头脑得到更好的思想武装，增强其辨别是非的能力。由于网络的信息量丰富、内容直观具体、形式多样独特，因此在思想政治理论教育方面，其有效性高于传统的教学方式，更能引起学生的兴趣。网络教育相对于传统教育而言，最显著的优势之一是互动更加便利。因此，高校应该充分利用网络平台来为学生开设专门的留言板和聊天室，让学生自由随意地表达自己的意见和想法。同时，定期组织网上热门话题讨论和网络调查，拓宽学生的眼界。

三是通过加强培训，提升学生的网络伦理修养和心理调节能力，以建立更为有效的网络安全防护机制。开展基于网络平台的高校学生心理健康教育和咨询服务，可真正帮助学生摆脱思想上的困惑，满足其精神上的需要。网络平台的虚拟性有利于心理健康教育与咨询，学生借助网络平台的虚拟身份更容易打开心扉，畅所欲言，表达出内心真实的想法，相较于面对面交流更有优势。

第二节　高校校园物质文化建设

一、高校校园物质文化的特征

（一）传承性与发展性

高校校园物质文化是高校在不断建设和发展中逐渐形成的，需要几代甚至几十代校园人的共同努力才能完成，具有传承性。一所高校要想形成独特的物质文化，就需要在长期的建设和发展中通过不断规划和建设，最终形成以教学楼、图书馆、宿舍楼等为主体的建筑物，以树木、花草、山水、雕塑等为主体的校园环境，这些校园建筑和环境记录着高校的发展历史，凝聚着历代校园人的心血和智慧，体现了高校的文化传承功能。

此外，高校校园物质文化还具有发展性。在高校发展历程中，高校校园物质文化因校园人而产生，因校园人而发展，它凝结着校园人的劳动，体现着校园人文精神，高校的一楼一馆、一草一木都带有时代的烙印，记录着高校的发展历史。高校校园物质文化在历经风雨后，其内涵会更为丰富，外延会更为宽广。

高校校园物质文化是动态发展的，因为一种校园文化的形成需要长时间的积淀，通过不断的建设发展才能形成。新时代高校校园物质文化建设应当充分利用和发挥高校校园物质文化的传承性和发展性，坚持马克思主义发展观。一方面要尊重历史，有选择、批判性地继承历史存留下来的校园物质文化财富；另一方面要顺应时代潮流，紧跟时代步伐，以开放创新的姿态进行校园物质文化建设，使高校校园物质文化建设具有前瞻性。基于高校校园物质文化的传承性和发展性，在继承优秀校园物质文化的同时，高校要为后人留下可创造的空间，使校园物质文化建设可持续发展，做到在传承中发展、在发展中创新。

（二）地域性与标识性

高校校园物质文化呈现出明显的地域特色和标识性特征。高校校园的规划、布局和外观因地理位置、地形、自然环境等因素的不同而存在差异。高校校园的地理位置会在其物质文化上留下当地的独特文化印记，体现出该地域的民族特色和地域特征，映射出当地人的思维方式和行为习惯，呈现出不同的地域特点。由于地理位置的不同，各大高校呈现出来的物质文化具有鲜明的特色，并能够清晰地标识出该高校的独特性。

以思维观念、价值取向等为主要内容的高校校园精神文化是无形的，它们都必须寓于或投射到物质形态之中，与当地文化融合并形成独特的校园物质文化表征。只有这样，人们才能感受到并领悟到高校所独有的地域精神文化。高校的物质文化常常以建筑物和广场等有形的形式呈现在人们眼前，这些物质文化不仅代表着高校的理念，也体现出高校独特的标识性。高校的物质文化象征不仅能呈现出其悠久的历史，同时还能提升自身整体物质文化水平，展示人文价值，为师生的个人成长提供重要的帮助。因此，高校校园物质文化的地域特色和象征意义不仅能体现高校物质设施的表面含义，更重要的是能反映出高校物质设施所蕴含的精神内涵和思想理念。

在高校校园里，人们可以通过感受和认知，体会到校园文化的独特性和地域特色。在这里，人们对于某些事物的向往、崇尚、珍爱都可以在校园的各个角落找到对应的标志和符号。这种地方特有的物质文化因校园和建筑的存在而持续展现。高校校园特有的印象符号是由物质文化的地域性和标识性塑造而成的。这个符号深深地印刻在每个校友的心中，并伴随他们一生。

（三）开放性与时代性

高校校园物质文化在形成和发展的过程中具有明显的开放性和时代性特征。文化具有丰富、多样的特征，而社会发展是多元文化相互渗透、相互交流的过程。高校以其包容开放的思想和胸怀，接受着各种思想文化，汲取了来自社会各个方面的文化精华，并在校园环境和设施中融合出多元文化的特色，彰显了不同历史时期社会文化对校园建设发展的重要作用。所有文化都反映了它所处的时代背景。高校的物质文化形成与社会发展紧密相关，校园不仅会积极吸收外界的文化影响，还会以高品位的文化作品辐射社会，实现校园文化与社会文化的融合。这种互动是时代的特征，也是校园发展精神的重要表现。在历史悠久的高校中，物质文化的开放性和时代性表现得非常明显。这体现在命名楼宇、道路、亭阁，以及改变高校校徽、校旗、校服等方面。这些变化记录了这所高校与时代文化的交流和互动，生动地展示了高校的开放性和与时俱进的特点。

二、高校校园物质文化的构成

（一）校园建筑

建筑是高校校园物质文化中最主要的组成部分，建筑是凝固的音乐，好的建筑往往是一所高校的标志。建筑是历史与现实的结合，是一种实用和审美相结合的艺术，是民族精神、科学技术及民族传统的结晶。建筑的造型、色彩、空间布局、功能等表现了一定的时代精神和价值追求。

校园建筑按照功能可以分为教学科研区、体育活动区、实习工厂区、后勤服务区、学生生活区等。因办学类型和规模不同，高校的建筑类型会有所差异。学生主要在教室、图书馆、体育馆、餐厅和宿舍进行活动，形成了一个校园动线，在错综复杂的校区内，有清晰可辨的脉络。教学区是高校的核心区，主体建筑群包括公共教学楼、图书馆和实验中心、科研中心等。教学楼通常是校园的中心。

一般来讲，围绕中轴线的建筑是高校的中心区域，是开放的公共区域。校园还有学生日常生活的空间，如体育馆、公共休息区等。高校校园整体构思、整体规划、整体设计，在统一性和连续性中追求重点突出、主次分明、空间序列流畅，校内建筑的风格一般朴素、自然，有文雅格调和书香情趣。近年来，随着高校的扩招，校园规模不断扩大，很多高校建立了新校区，有的高校甚至整体搬迁，为高校校园物质文化整体设计提供了空间和可能。有的高校新校区的标志性建筑沿袭了老校区的建筑风格，与主校区遥相呼应、一脉相承。例如，厦门大学的老校区建有嘉庚风格的建筑，南普陀校门的马路两侧古树参天，凤凰树巍然耸立。在新校区的建筑也体现了嘉庚风格，也种植了大量的凤凰树，若干年之后新校区也会和老校区一样形成古木参天的自然景观。

校园的景观环境和建筑应注重可持续性。高校校园的建筑及其规划是不断变化的，随着办学模式、国家的投入、招生规模等情况的变化而变化。校园建筑规划采用的是积极动态的策略，着眼于未来，给未来的发展留有空间和余地。

（二）校园绿化

校园的绿色植被、树木是自然景观，一草一木与大自然息息相关。一方水土养一方植物，校园绿化中植物种类的选择受当地的温湿度、光照、水分、土壤等条件的影响。北方寒冷、干燥，多栽种杨树、柳树、松柏等耐寒性较强的树种；

南方气候湿润，全年气温较高，以榕树、香樟等常绿树种为主。校园绿化景观随着季节的变化而变化，各种植物都展示着它们不同的生命力，呈现出不同的色彩、气味和姿态。

一些高校的风景名声在外。例如，武汉大学的樱花全国闻名，校园内种植了早樱、晚樱和垂枝樱等品种的樱花。各种樱花花期不同，每当寒冬过后，早樱开放，继而垂枝大叶早樱、山樱花等相继开放，花色丰富，绚丽多彩，层层叠叠，仿若云海。成千上万的游客慕名而至，赏着樱花，品味着武汉大学的悠久历史和学术氛围。云南大学银杏大道中的银杏种植年代久远，根深叶茂，高大挺拔的一排排银杏树，夏天果实累累，深秋满树金黄，象征着该校的悠久历史，引人遐想无限。

校园绿化也蕴含着人文文化。松之挺拔、兰之幽香、竹之虚心、菊之傲霜、莲之出淤泥而不染，易让人联想到虚怀若谷、坚贞不屈的精神品质。植被和树木经过巧妙布局，与地理环境、建筑造型、颜色相搭配，增强了校园的亲切感，让人感悟到旺盛的生命力，给师生带来了思想和情感的充实。一些景物被赋予了文化内涵，一首诗、一篇著作都会给校园的某一个景观带来浓厚的文化色彩。

英国剑桥大学三一学院前种有一棵看似不起眼的苹果树，苹果树后面是科学家牛顿曾经住过的宿舍，引来众多游客参观。据说，某日，这棵树上的苹果掉下来，砸在了牛顿的头上，让他产生了万有引力定律的灵感。这株苹果树也因此而声名远扬，掉落苹果砸中牛顿的那棵苹果树早已不在，人们在原址栽种了现在的苹果树，其成了科学精神的象征。

同样，清华大学校园内近春园遗址有一个荷塘，看似与别处一样的荷花，却因朱自清的《荷塘月色》一文而出名，站在池塘边，仿佛能回味到文中所写的，月光如流水一般，静静地泻在这一片叶子和花上。薄薄的青雾浮起在荷塘里。站在荷塘边，朱自清的文章和他对理想价值的追求和坚守，犹如池塘中清澈的流水流入了学生的心中。

高校一般会选择用绿化的方式来表达其精神或思想理念，人们用自然物的特质做出适当的、与高校核心价值观相一致的诠释。例如，中医药大学校园内栽种中草药，既美化了校园环境，又为学生认识各种中草药提供了条件。农业相关高校的校园内会栽种农作物，给学校师生传递农业文化信息。

（三）校园雕塑

校园雕塑使校园具备了环境艺术之美，一件件充满灵性的雕塑作品与校园环境融为一体，让师生有愉悦感，使校园的人文气息得到了极大的丰富。高校校园雕塑往往都传达着求知、劝学的哲理，有激励、积极向上的寓意。通常来讲，从功能角度来看，高校可以将校园雕塑分为纪念性雕塑、主题性雕塑、装饰性雕塑和功能性雕塑。雕塑种类选择按照校园环境来确定。雕塑的主题通常会和周围的绿化、建筑、水景等相结合，与校园的基本功能吻合，并结合高校的特点和内涵，按照环境的要求，发挥一定的作用。置于校园主轴线上的雕塑一般会贴合高校的办学风格，是高校的一个具有标志性的雕塑；而位于学生活动、休闲区域的雕塑则以轻松、简洁、明快的风格适应周围休闲娱乐的环境氛围。

人物是校园雕塑的主要题材，反映的通常是高校办学历史或某一时期的重大事件，塑造的人物往往是为高校、社会、国家做出重要贡献的杰出历史人物或校友。中央音乐学院的聂耳塑像，北京大学的蔡元培雕塑，清华大学的朱自清、闻一多、吴晗等雕像，香港大学主校园的孙中山塑像……他们都是杰出的业内人士，代表了高校的办学精神和育人成就，他们传达出的强大精神力量对全体师生起到了激励的作用。儒家学派的创始人孔子不仅在山东大受欢迎，而且在全国乃至国外都受到推崇，在中国人民大学、山东大学、曲阜师范大学、福建农林大学、清华大学、西藏大学、天津外国语大学等校园内都立有孔子雕塑。以人物为题材的雕塑并不一定指某一个具体的人，而是某种形象和精神的化身。例如，复旦大学校园有"驴背诗思"雕塑，整个雕塑呈黑色，深沉静默。驴子的笃诚、诗人的沉思构成了"驴背诗思"的深邃意境。诗人骑在驴背上，捋须沉思，在清脆的驴蹄声中，在驴子一颠一簸、一摇一晃中，寻找灵感。这尊雕塑放置在哲学系的门前，给人以哲思。探求科学和真理是高校的任务，雕塑自然也要反映科学之美。华东理工大学的C60雕塑"化学之美"展示了化学世界的神奇与奥妙，雕塑呈白色、镂空，由60个白色的小圆球（碳原子）组成，形状如足球。西安交通大学校园内的"四大发明广场"是一个开阔的过渡空间，它是钱学森图书馆与主教学楼的联系纽带。广场上塑有中国的"活字印刷""司南""造纸术""火药"四大特色雕塑，雕塑与来往的人们进行着无言的交流。在这里，平日里可以看到照相留影的人们和攀爬嬉闹的孩子，在不经意间，大众就了解了中国的传统文明。

（四）校徽

高校在发展过程中会逐渐对精神、个性、行为规范等信息进行提炼，形成形象识别系统，给校园以整体的形象设计，在公众中塑造一定的形象。校徽雅俗共赏，是集图形、文字和寓意于一体的高校形象标识。校徽意蕴无限，具有丰富的情感穿透力，有刺激感官、愉悦精神、升华心灵和开阔胸襟的作用。校徽包含地域元素和文化符号，如北方民族大学校徽图案主体由校名汉语拼音首字母"B"、校内建筑和阿拉伯数字"1984"等元素组成，其标志性建筑主楼的穹顶剪影，又似伊斯兰建筑风格的穹隆，代表了北方民族大学所在地区的地理特色；字母"B"环绕学校建筑幻化为向上飞翔的凤凰和涌动的河流，寓意高校建于黄河之滨，事业蒸蒸日上，学子在知识的海洋中遨游，奔向理想的未来。西藏民族大学校徽以藏红色为基调，主体外围由藏英汉文校名组成，具有浓郁的藏族风格，校徽主体由雪山、雪莲花、书本和办学时间1958组成，象征着西藏民族大学犹如一朵绽开的雪莲花，美丽、坚韧，校徽上的山峰象征着其希望成为有影响力的高校的愿望。湖北民族大学的校徽由土家族织锦最常见的抽象纹样之一的单八勾、中国楚文化的图腾火凤凰和打开的书构成。"单八勾"代表该校的民族性，纹样多层扩散表现太阳的光芒四射，凤凰代表中国深厚的历史文化，亦代表智慧、创新和拼搏之意。校徽的主色为蓝色，是土家族民族服饰的代表颜色，意味着博大、辽阔、宁静与理智，圆形的校徽是团结和圆满的象征。

校徽具有鲜明的个性特征，是一种涵盖了地域文化特征的高校文化元素。校徽也被广泛地印刷到高校办公用品、公务和公关用品、环境标示牌上。除此之外，校徽也常常被印在高校的纪念品上，大到书包、衣服，小到笔、钥匙扣，在纪念品商店售卖，校园人的心灵寄托在物化的产品上，形成了一种特殊的校园文化。

三、高校校园物质文化的功能

高校校园物质文化的功能也可以从以下三个方面去理解。

（一）标志和激励功能

物体在空间的位置并不是随心所欲排列的，以物理形态出现的空间承载了事物的精神。经过周密谋划和布置的高校建筑体现了其历史积淀，是其教育理念的体现。尽管各个高校的标志及其体现水平有所不同，但它们都源自人类丰富的思想和文化。这些标志代表着高校的品质和实力，同时也能够震撼学生的心灵，激发他们的自豪感和振奋之情，成为学生精神上的重要支持。

此外，高校的校园物质文化建设是保障教学和科研工作的重要前提。优质的场地装备为教学与科研工作提供了必要的物质支持；根据环境感知的指引，人们在空间中从事各种活动，此时物体和人逐渐建立起了密切的联系。例如，一些建筑物（报告厅和实验楼）常常散发出振奋人心、探索求知的气息，这种建筑物本身蕴含的文化价值也随之悄悄地融入了学生探索知识、寻求真理的过程中，不断地增强与学生的情感联系，并在潜移默化中激励学生勤奋学习和工作。

（二）美育功能

高校的校园物质文化不仅反映了一个国家和民族的创造力和审美能力，也反映了当时社会大众的审美追求，因此，其具有天然的审美功能。以建筑文化为例，建筑的艺术价值体现在其造型和空间布局上。建筑的外形是通过三维空间内的复杂形态表现出来的，这种形态会反映出特定时期的美学趋势和需求。古典建筑追求平面的审美风格，关注建筑外表的美学呈现，特别注重对建筑立面的装饰和修饰。现代建筑更加强调提升建筑的体量效果。民族思想与风格常常能够通过建筑的布局表达出来。中国文化强调集体和家族的重要性，这在建筑布局中体现为"内外有别"，通过围墙将高校封闭成一个完整而独立的单元，使其呈现出一种静态美感。围墙内的许多建筑物相互连通，没有明显的隔断，展现出外在的"动态美"。这种审美体验所呈现的是中国人外表的文雅、宁静和内心的内敛、深远。相反，西方建筑则通常没有围墙，而内部有严格的私人空间。这也反映了西方文化中合群和尊重个人隐私的特点。从建筑、雕塑、服饰到绿化，它们都是由一定的理念和观念融合而成的。这些作品都展示了设计师的创造力、情感和智慧。欣赏美的过程不仅可以锻炼人们的审美意识和鉴赏能力，还有助于激发他们创造美的潜能。

（三）陶冶功能

尽管"物质"无法通过直接对话的方式向人们传递信息，但它确实有其独特的方式来展示自身作用。校园物质文化的陶冶功能是指主体在没有意识到的情况下，对客体进行了一种隐性的文化教育，是通过有意识和无意识的心理活动的有机统一，利用人的无意识潜力，充分发挥自身教育功能的，从而让学生在不知不觉中受到了优秀思想、文化、精神的感染和启迪。作为高校的文化元素之一，高校物质文化建设是教育者有意识地打造一个良好的育人环境的重要手段。对于接受教育的人而言，高校校园物质文化建设会使自己在不自觉的情况下逐渐适应环境，这种影响远远超过了有意识的教育灌输。因其本质的特点，物质文化具备明显的目的性和导向性，然而，从其存在形式及对人类的影响方式来看，又是无意识的。

四、高校校园物质文化的作用

环境不仅塑造了人的形态，还影响着人的审美观念。人和环境之间存在相互影响的关系。人的行为模式和内心情绪反应都是个人与周围环境不断相互影响、相互作用的结果。人的行为会受环境的影响，而环境也会塑造一个人的个性。相比于理性规范和绝对命令，环境更能潜移默化地影响人的行为和态度，它会在无意识的情况下对人产生深远的影响，让人产生长期的身心变化，成为控制和规范人们行为、情感、气质的潜在标准。因此，教育环境的质量直接影响学生的兴趣、性格和行为方式，进而影响其价值观和人生观。校园物质文化环境的改善可以影响学生的思想和行为，使其受到积极引导、有所约束，从而塑造更为积极向上的人格和价值观。

（一）感染力

艺术氛围浓厚的校园环境总能给人留下深刻的第一印象，让人们在审美心理的深层结构上与其产生无法言喻的共鸣。学生往往会因为美丽的校园环境而对校园产生认同感，特别是那些刚入学的新生，更会感到心情愉悦。

校园的布局、建筑环境和教学设备水平，都会对学生产生情感上的影响，影响他们对高校的感受与评价。校园规划若采用棋盘式的设计，同时在中央设置一条宽阔纵深的中轴线，整体布局将显得井然有序，令人感到舒适。自由式的格局以山势为依托，呈现出随意而浪漫的情调。在校园里，建筑群之间的渐进过渡及连续的节奏和韵律可以对人的情感产生一定的影响。高校的特别景观和氛围对于在校人员情感的构成是至关重要的。

在简单而千篇一律的高校生活中，成功和失败、欢乐和苦恼交织在一起，往往会导致学生身体上的不适和心理上的失衡。在这样一个美丽又自然的校园环境中，学生可以有效地缓解身心的疲惫与压力，促进身体和心理的健康发展。

（二）约束力

校园环境的规范性在于其产生的约束力。一个有秩序、令人感到舒适典雅的环境，将会对生活在其中的每个人进行约束。一个刚来高校的学生，会感受到周围环境的美丽，这种感受会潜移默化地影响他的行为，使他调整自己的行为方式，以适应周围环境所传达出来的要求。随着学生环境认知水平的不断提高，这种改变仍在不断进行。这个过程是环境对个体的塑造过程，通过不断的调整，个体能够在各种环境下做出正确的反应。这些反应会变成习惯，最终将环境所需的各种限制和要求内化为自己的自觉行为，形成一种"文化无意识"。南开中学的入门镜上刻有一则箴言：面必净，发必理，衣必整，纽必结；头容正，肩容平，胸容宽，背容直。天天看，天天读，学生自然而然地就会习惯性地在镜子前检查并整理自己的仪容。随着时间的推移，这种行为会成为学生无意识的习惯，并最终成为一种良好的习惯，长期保持下去。

（三）导向力

优美的校园环境常常通过独特的符号无意识地向人们灌输一定的思想、准则和价值观。一栋古老典雅的建筑、一块纪念碑石、一条曲折幽深的小径、一个充满深意的雕塑……都以无法言说的气氛感召着人们前进，点燃着人们的求知热情和向上精神。进入图书馆对于勤奋学习的学生而言，就像进入知识的圣殿一样，许多俗念烟消云散，全身心投入学习之中。在北京大学的校园中漫步，途经李大钊与蔡元培的塑像，学生能深刻体悟到北京大学丰富多彩的历史，同时也会进行如何选择人生之路的思考。在高校里，人文景观具有教育意义，能够传达有益信息，带领学生不断向前迈进。

五、高校校园物质文化建设的原则

（一）继承性原则

高校校园物质文化建设需要坚持继承性原则，树立新的思想和观点。

1. 维护意识

高校校园物质文化建设以硬件建设为主。硬件建设不仅具有物的意义，还能体现人的主体意识，折射校园文化思想。因此，校园规划要科学、合理；校园建筑要注意维护，表现校园风貌和特征；要营造健康、高雅的育人环境。所以，在高校校园物质文化建设中，建设者需要增强维护意识，提高保护意识。总之，高校校园物质文化建设要体现建设者的时代特征、民族特点和教育特色，注意吸纳中外文化精华，使之更好地传承校园文化、保持校园特色。

2. 补充意识

发达国家高校校园物质文化建设的经验给了我国高校一定的启示：校园物质文化建设不是"推倒重建"，而是根据高校发展的需要，在坚持继承性原则的基础上，适当补充和增加新内容，使之与校园风格和整体布局协调一致。在校园物质文化建设中，确立补充意识需集维护、继承和创新理念于一体，这样学生才能更好地继承校园物质文化传统，促进高校的发展。在强调科学发展、和谐发展的今天，注重校园风貌的维护、补充校园物质文化建设内容有着重要的现实意义和长远意义。

3. 发展意识

高校校园物质文化要与时俱进，体现发展、创新的特征。目前，建设者需要探索和完善校园建设理论，打破高等教育、建筑和城市规划的学科壁垒，从跨学科的视角，系统研究高校校园物质文化建设理论，关注校园物质形态的发展状况，提高校园物质文化的育人效果。由此可见，高校校园物质文化建设需要处理维护与发展、补充与协调的关系，促进高校持续发展、科学发展。

（二）科学性原则

加强高校校园物质文化建设，必须坚持科学性原则，做到以下几点。

1. 确立科学理念

随着高等教育的发展，高校校园建筑数量在不断增加，建筑界和城市规划界开始关注高校校园建设问题。高校已开始主动应对当下校园物质文化建设和发展中出现的新问题、新矛盾。高校要从国情和校情出发，学习和借鉴国内外优秀高校的先进理念、先进技术和先进方法，采取适合国情、校情的建设方案和措施，科学规划校园，合理建设校园，不断美化校园。

2. 树立科学态度

在高校校园物质文化建设过程中，建设者需要以科学的态度来看待和解决新出现的矛盾和问题，既不能放弃希望过于悲观，也不能毫无头绪地蛮干；既不能故步自封，也不能盲目攀比；既不能盲目模仿借鉴，也不能过于武断地拒绝外来的事物。因此，在处理继承与创新、发展与和谐等关系时，建设者应采取科学的方式去研究和分析相关问题，以解决其中的矛盾。

3. 发扬科学精神

在高校校园物质文化建设中，建设者不仅要确立科学的理念、树立科学的意识，还需要发扬科学的精神。不管在什么情况下，也不管面临什么困难，校园物质文化建设都要坚持以科学的理论为指导，从广大师生利益出发，实事求是，使校园物质文化建设符合时代特点，符合国情、校情，符合高等教育育人理念。

（三）人本性原则

对于校园文化建设而言，物质文化和人文环境的建设，离不开一定的物质环境。高校的人文精神以具体的物质为载体，通过物质载体来表现自己所追求的人文精神。换句话说，在建设高校校园物质文化环境时，建设者应以人文价值为指导原则，而不应只注重装饰是否豪华，忽略内在的意义。为了建设人文环境，高校需要在每一个物质实体上注入人文元素。高校文化的表现和传达受多方面的影响。例如，高校环境是否能够营造和谐、安全、积极的氛围，以及高校景观设施和物质环境是否以人的需求为导向，是否具有美学价值。教育发展的永恒价值在于以人为中心，而不是以物或管理方便为中心。因此，高校环境的构建必须优先考虑师生的心理需求，并以师生的全面发展和综合素质提升为最主要的价值取向。即使一所高校的环境外观很优美，管理制度也非常完备，如果它没有充分考虑学生的需求，那么这所高校的教育环境建设就不是完美和谐的。

（四）创新性原则

创新是一个民族的灵魂，是高校生存和发展的动力。高校校园物质文化建设必须坚持创新原则，处理以下几个关系。

1. 创新与继承的关系

高校校园物质文化建设需要在继承的基础上发展和创新，需要打破旧的思维，树立新的观点。

（1）继承也是一种创新

高校校园物质文化需要在继承高校传统文化特色的基础上，处理好继承与创新的关系，充分利用各种资源建设校园、发展校园文化。由于继承本身就体现出创新思想和创造精神，所以，处理好继承与创新的关系就是在坚持创新原则。

（2）创新不是全盘否定

创新具有多重含义，全盘否定并不是创新的本意。一般来说，高校校园物质文化建设采取全部否定、一切从零开始的做法，并不是科学的做法，也不符合校园物质文化的特点和规律，因而不是真正的创新。所以，高校校园物质文化建设只有在继承的基础上，处理好继承与创新的关系，才能更好地创新。

（3）创新要符合时代要求

创造良好的环境是提高社会文明程度、推进改革开放和现代化建设的重要条件。高校校园物质文化建设需要对社会的发展起引领作用、表率作用，因而更要坚持创新原则，需要在校园发展思路、总体规划和建设内容上体现时代特点和符合时代要求。可见，无论是校园建筑特色、文化活动场所、教学设施、信息传媒，还是校园绿化，都要适应现代化需要，满足新时代创新人才的培养要求。

2. 创新与发展的关系

高校校园物质文化需要发展，更需要创新。因此，高校必须处理好创新与发展的关系。一方面，校园物质文化需要创新，没有创新，校园物质文化就没有活力，缺少发展的动力；另一方面，校园物质文化只有在发展中才能体现创新，创新是其科学发展、可持续发展的基础。可见，发展与创新是相互联系、相互作用的。在高校校园物质文化建设过程中，建设者必须防止片面追求所谓的创意、创新，在一定程度上影响高校可持续发展，阻碍高校发展的做法，同时又要克服机械模仿、缺少个性的做法，坚持创新与发展的统一。

3. 创新与和谐的关系

正确处理创新与和谐的关系，恰当地解决好这一对矛盾，将有利于高校校园物质文化建设。首先要认识创新与和谐是相互作用、相互联系的。创新是在继承的基础上有所发展、有所进步。和谐不是守旧，创新不是猎奇。所以，高校校园物质文化建设既要坚持不断创新，又要保持和谐发展状态。当然，创新要以科学的理论为指导，在形式、内容和方法上适应时代要求，适应人才培养规律；和谐要注重各个方面、各个要素的合理发展，注重内容与形式的统一。坚持创新与和谐的统一符合我国现阶段提出的科学发展、和谐发展的要求。在新时代高校校园物质文化建设过程中，存在两种倾向：一是片面追求创新，忽视校园建设的和谐；二是以讲和谐为名，抑制创新。这两种倾向都不利于高校的建设和发展。所以，新时代高校校园物质文化建设必须坚持和谐发展与不断创新的统一。

（五）"一校一品"原则

高校要根据自身的情况和精神文化取向，以"一校一品、各具特色"为指导，确立独特的精神文化价值观，确立个性化的物质文化建设风格。

一是每所高校的物质文化氛围必须符合该校的精神价值观。如果合适的话，教育、引导和感召师生的方式可以"形神合一"，达到更好的教学效果。如果缺乏合适的交流方式，师生间的关系将难以建立，也无法对教学带来实质性的改善。因此，高校应该在精心规划和建设精神文化的内在价值体系后再考虑校园物质文化的建设，避免盲目行动。

二是高校校园物质文化建设应该奉行"先了解情况、再制订计划、最后实施建设"的准则。高校制订的计划需要考虑长远性，如果当前条件不允许实现，可以提前预留空间，等待时机成熟再进行补充；如果只关注眼前利益，而忽略了长远考虑，那么未来的变革就会相当困难，悔恨也是无济于事的。

三是必须展现高校独有的特点。要遵循简约的原则，并力争通过独有特色来获得胜利。此外，强调各地区高校的独特特点，发动师生就地取材，这不仅可以节约经费，还能提高他们的动手能力、创造力，同时增强他们对高校的认同感和归属感。

四是需要关注细节方面。一个细节可反映高校的管理水平。在实际生活中，一些高校只是口号讲得好，却并不真正重视一些细枝末节的问题，如厕所卫生、冬季热水的供应等。天下难事，必作于易；天下大事，必作于细。若不关注物质文化的细节，就难以建造宏伟的"教育建筑"。高校校园物质文化建设需要通过有深度、有针对性及有意义的教育手段来实现，单纯的口号激励、肤浅宣讲或者傻瓜式灌输，往往无法真正实现有意义的育人效果，它需要精益求精，把每一个细节都处理到位。

五是涉及自然景观的保护和人文景观的精致化。所有的风景都带有情感的色彩，所有的地方特点都承载着文化的内涵。高校在进行校园建设时，通常更关注自然景观，对人文景观的重视程度相对较低。高校校园物质文化建设重点并不在于建筑数量的多少，而是要巧妙且有针对性地打造人文景观，以突显高校的精神文化价值，这样才能在有限的空间内集中呈现出高校的特色。

六、高校校园物质文化建设的内容

（一）地理环境

高校所处地理位置的优劣与教育功能的发挥直接相关。校址一直是古今中外教育家关注的焦点。中国古代五大书院均建在靠近山水的地方。蔡元培先生主张，高校要建立在环境适宜、景色美丽的地方，目的是激发学生的学习兴趣及高尚的精神。在德国，把高校建在偏远的小城镇几乎已经形成了惯例。这样做能让学生远离都市喧嚣，同时也有利于其借助自然风光来修身养性。为了延续高校的传承，紧跟时代的步伐，校址应该在环境宜人、交通便捷的地方。

（二）规划布局

校园规划设计是一项涉及多个方面的系统性工程，它展现了高校的外貌特征，呈现了高校的整体形象，同时彰显着高校注重环境的理念。高校的规划和布局在很大程度上反映在校内各个功能区域的布置上。例如，教学区、居住区、运动娱乐区、行政办公区等。每个区域都有独立的职责和功能，同时又需要相互配合和合作，以便共同实现系统性的教育目标。高校的规划和布局也体现在建筑的朝向和位置、各种用途、室内外空间的组合和布置等方面。

（三）建筑风格

作为一种充满了人文气息的艺术，建筑风格展现了人类特有的思想品格，它将物质与精神、主观与客观、技术与艺术、外表与内涵、自然与社会、历史与现实等多种元素融合在一起，形成了一种多元化而有机的整体。高校建筑的形式和空间布局通常反映了一定的思想内涵和价值取向，它作为隐性的教育价值观和思想的物质体现，将在未来对教师和学生的行为产生潜在和无意识的影响。

（四）人文景观

高校校园物质文化建设需要注重自然和物质方面的建设，且自然物质应被赋予人文因素。高校拥有丰富多彩的人文景观，这些景观彰显了高校的悠久历史和丰富多元的环境，体现了高校所倡导的人文精神。例如，陶行知在创办晓庄师范学院时首先把其所在地"小庄"改为"晓庄"，寓以"日出而作"之意；该校背靠老山，陶行知又把它改为"劳山"，寓以"在劳力上劳心"之意；另外，他把晓庄师范大礼堂命名为"犁宫"，门两旁有"和牛马羊鸡犬豕做朋友，对稻粱菽麦黍稷下功夫"的对联，明示学生不忘农村生活，要与农民打成一片，这也是该校当初办学的宗旨。

（五）其他物质文化

高校涉及的物质文化范畴极其广泛，如校园内的电子教育媒介、藏书丰富的图书馆、不同主题的报纸杂志等文化传承设施，以及为了更好地为学生生活服务而设置的绿化环境和街道照明等生活设施，每一种都具有独特的功能与特色。

七、高校校园物质文化建设的策略

为彰显高校校园各个场所的文化气息，增强高校的文化感染力和显性教育功能，高校要想方设法让每面墙壁都说话，使每个空间都能体现育人功能。要达到这一目的，高校必须做到以下几点。

（一）加强显性高校文化建设

1.高校楼道文化

楼道文化是指各类教学楼、综合楼及宿舍楼的走廊上体现的文化特色和内容。高校拥有丰富的走廊资源，走廊具有宽敞、明亮、人流量大的特点，为高校校园物质文化建设提供了便利条件。因此，高校可以利用走廊空间，创建具有特色的校园文化氛围。在楼梯间贴上标语或展示师生创作的艺术作品、展示成语故事和名言警句等，这样的布置可以使楼道变得生动有趣，也可以让楼道变得富有教育意义。

楼道文化应该注重呈现"每层各具特色、各具主题"的特点。每一层楼道都应有一个独特的主题，涉及各种不同的文化领域，包括民族文化、世界文化和地域文化，以及师生的书画作品和成语故事等。高校也可以在走廊设立艺术主题走廊，其包括"音乐空间""美术空间""民族文化空间"等，通过艺术元素引导并丰富学生的心灵和兴趣爱好。当学生走过楼道和拱廊的时候，阅读名言警句，欣赏高雅的艺术，内心深处自然会受到熏陶，心灵会变得更加清澈纯净。

2.高校教室文化

教室除了是传授知识和技能的场所，还有助于学生领悟人生的真谛、开阔胸怀。因此，教室不仅需要营造出特定的文化氛围，还需具备特色鲜明的文化表现形式。教室文化是各种高校文化中主要的表现方式之一，同时也是高校进行物质文化建设的重要元素之一。因为教室文化在高校中占据着重要的地位，所以在进行教室文化建设时，需要注重其独特性，着重推行励志、警示和宣导慰藉类文化活动。考虑到教室文化的可塑性，每个班级的教室文化应该因人而异，以便充分发挥个性和独特性。门口的班牌和课表，以及室内的班训、班风、班规和各种文化展板，是构建教室文化的主要因素。高校可以制作班牌、班训、班风、班规的模板，但这些内容需要由学生自行编辑；而其他展板则由各班自行设计和安排。班牌可以显示班级的名称、班主任的寄语、班级的口号等。展板的主题应该具有多样性，以满足学生更广泛的需求。可以选择传统的主题，如图书、卫生、光荣榜、学习等，也可以尝试新兴的主题，如"才艺展示台""小荷尖尖""谁与争锋""每周一星""我感恩，我幸福""相约诗林词苑，走近文人墨客""教师篇言""少年心语"等。这样一来，高校就能够激励学生珍惜青春、追求进步、积极向上，营造积极向上的文化氛围。

3.高校寝室文化

学生寝室不仅是一个单纯的休息场所，而应该蕴含着丰富的文化内涵。同时，学生的日常生活涉及各种文化因素，床铺的布置、物品的摆放等生活习惯和文化传统均应被重视。此外，寝室的卫生状况及布置也是一种文化内涵的表现形式。一个寝室若是杂乱无章、充满异味、四面无光的，就难以被称为文化良好的寝室了。这不仅会影响学生的身心健康，还会妨碍他们养成良好的习惯。因此，寝室文化不仅限于良好的管理秩序、共同遵守的寝室纪律，还应该涵盖寝室所有学生共同创造的寝室内饰与布置，展现出集体智慧的风采。五个整齐是寝室布置的基本标准，包括床铺整洁、衣物有序挂放、生活用品规整摆放、鞋子有序摆放、洗漱用具收纳有序。五项卫生标准包括床铺清洁、墙壁清洁、地面清洁、桌椅清洁和门窗清洁。寝室内的学生可以发挥创意，制作一些书法或绘画作品，贴在合适的地方，从而营造出一种干净、宁静、和谐、温馨的寝室氛围。另外，教师和学生还可以利用当地常见的民族手工艺、布艺编织等技能，在寝室里手工制作一些小装饰品，以丰富宿舍的本土文化和民族特色。

4. 高校食堂文化

也许有人认为，食堂只是供应学生餐食的场所，不会对学生产生太大的影响。事实上，高校可以巧妙地运用食堂文化，让学生在短时间内接受丰富的教育。食堂是学生接受食品卫生教育、节约教育的理想场所。除了必备的丰富内涵外，食堂文化应该以多种形式呈现。

首先，应该尽可能让格言警句广泛传播，以便它们能够在各个方面对学生产生影响，引起学生的情感共鸣。在食堂内张贴这些标语，如"尊重食物源头，重视食品健康""有序排队迎餐来""节约光荣，浪费可耻""三餐习惯，人体之基"，可帮助学生养成良好的饮食习惯。

其次，可以让学生在美术教师的引领下尝试创作餐厅壁画。凭借自身的艺术天赋，艺术特长生能创作出迷人的风景画和可爱的动漫角色，让餐厅充满浓郁的艺术氛围。除了能为就餐区域增添美感外，壁画也能在无意中给学生心灵带来一次次深刻的洗礼。

5. 高校道路文化

高校的道路独具特色，来来往往的师生也较多，创造了宝贵的教育机会。只要善于把握，就可以发掘出这些道路的强大教育价值。高校应当善于最大限度地利用有限的道路空间，使道路不再单调乏味，同时在这里实现"宁静胜似喧闹"的效果。例如，给道路取名为"传统美德路""榜样激励路"，以此培养学生高尚的道德情操；以现代理念为基础，将道路命名为"自然通道""生态保障路"，以此弘扬"人与自然和谐共生"的理念。

（二）加快高校设施设备现代化进程

在高校校园文化建设中，物质文化建设需要全面考虑，不仅要考虑内部环境，如教学楼、宿舍等的建设，还要兼顾外部环境，如所处地区的园林景观、交通道路等建筑风格特征的优化建设；它是一项系统性的工程，既需要师生形成合力，也需要得到社会各方的支持。高校在推进校物质文化建设方面，应尽力争取当地政府和社会各界的支持，着力改善办学条件，积极开展校园网络建设和打造现代化办公场所。

此外，高校应当最大限度地利用计算机网络、校园广播和电子阅览室等设施，为教育教学提供服务，建立专门为教师提供文化休闲和健身娱乐服务的中心，以改善他们工作、生活环境；建设课程材料等资源库，逐步提升校内工作的数字化和自动化水平，加快实现无纸化办公的目标。

第三节　高校校园制度文化建设

一、高校校园制度文化的特征

（一）规范性

制度的变迁受传统的影响远比受现实的影响要大得多，制度建设的问题本质上是行为的问题及影响人行为的哲学基础、思想观念、习俗惯例和文化心理等范畴的东西。为了克服高校主体的非理性行为与高校发展的某些偏离主旨的惯性，必须以制度来规范与约束高校的发展。高校校园制度文化建设主要涉及两部分内容：一是通过制度建构确定高校行政权力与学术权力的关系，以充分体现高校作为学术组织的基本属性，实现高校组织内部的民主管理；二是规范校内人员的行为，以提高高校管理工作效率。

高校组织规模庞大，具有目标构成、学科构成、职能构成、人员构成、人物构成等方面的多样性，以及其智力劳动特有的个体性等特点，是一种最复杂最强调其内部机构及其个体劳动自主性的组织，并由此决定了高校的学术自由，以及一定程度的"无政府状态"的某种程度的合理性。然而，高校还是一个既有学术与民主理性、又有效率理性的社会组织，因此，高校需要有规范结构，即制度的保障。

（二）强制性

制度具有天然的强制性属性，校园制度文化同样保留了此属性，校园制度文化作为一种规范，具有很强的约束力和一定的强制性。这种强制性的要求过程是一个统一行动的过程，是强制性向自觉性过渡的一种过程。高校校园制度文化建设是外部制度逐渐内在化、融入个体的动态过程。高校的最终目标不是通过强制手段让高校校园制度文化树立起来，而是让校园制度文化自发形成并被广泛认同。强制性是一种手段，可以激发学生的自觉性。如果没有强制性，很难达到高校所期望的学生应有的自觉性。校园制度文化的辩证统一过程，就是高校通过强制性手段使校园产生文化效应的过程。一旦被高校主体认可并被师生自觉自愿接受，校园制度文化会自然而然地形成一种精神要求。

（三）柔和性

高校校园制度文化受到社会大环境影响而带有一定易变性，且高校校园制度文化中的优秀文化往往具有柔和性这一普遍特点，这也是经过社会实践验证的。文化首先影响个人的选择和学习，可以让他们了解文化的内涵，并将其融入个人的思想之中，最终指导他们的行为方式。将文化因素融入制度中，制度就会呈现出强制性和温和性相结合的特点。

二、高校校园制度文化建设的原则

高校校园制度文化建设是目前各高校普遍关心的热点问题。校园制度文化功能的发挥，要以校园制度的科学性和合理性为前提和基础；而制定高校规章制度是一项严肃、复杂而细致的工作。其中，制定制度和执行制度是关键。做这样一项严肃、复杂而又细致的工作，高校要遵循若干基本原则，处理好若干基本关系。

（一）以人为本原则

现代高校管理的一个基本原则就是把学生放在首位，关注每个学生的需求和成长。过去的传统管理主要关注对人的控制和管理，偏重于制定强制性的规定和控制策略。制度的关键在于与人的沟通交流，因此高校必须深刻地理解和尊重人，以及激励和解放人的重要性，通过制度文化建设来激发人的积极性和创造性。在校园制度文化建设中，高校应关注人性需求，重视培养和造就个人，挖掘教师和学生的潜力，提高他们的素质，达到全面发展的目标。

（二）缺陷性与理想性相统一原则

世界是缺陷与美的统一。世界上的万事万物都是有缺陷的，人作为其中的一分子也是有缺陷的，因为人性本身就存在弱点。从某种意义上说，缺陷是为了美而存在的，而美中必有缺陷。这是有关高校制度安排或校园制度文化建设应有的哲学思考和必须厘清的价值预设。这里的"缺陷性"就是在这一意义上说的。制度的作用就在于尽可能地减少由于人性的弱点而造成的各种损害。判断一个制度的好坏，主要在于它是否具有从根本上消除"作弊"行为的实施动机，包括对"既成行为"的态度与惩治力度。换言之，就是要使特定的违制行为的损失最大化，进而从事实上消除人们的"作弊"动机。

另外，人又是具有"神性"的，任何制度的建设都应当保持某种理想性，即对人性充满信心。世界上的一切财富都是人创造的，并且只有以人为目的、为人服务才具有意义。因此，高校建章立制不但要看到人性的缺陷和弱点，也要看到大多数人是"可教育的"，更要立足于以人为目的、为人服务。看到人性的弱点不是放弃对人的希望，而是为了更好地为人服务，致力于为人的长远利益服务，为多数人的根本利益服务。校园制度文化建设的缺陷性与人本化原则要求高校既要关注人的行为的规范和约束，更要体现以人为本的思想，在制度文化建设中切实体现为了人、服务于人的精神。

（三）管理性与民主化相协调原则

管理性是由校园制度文化的教育、规范功能决定的，它是指校园制度文化的管理者作为社会需要的合法代表，可通过各种文化活动，运用舆论、制度手段调整人们的行为，避免不良行为的发生，逐步地把师生、员工引导到高校文化目标所确定的方向和轨道上来。文化既具有包容性也具有排斥性，即包容相同或相近的文化，又排斥不同质的文化。就其包容性而言，校园制度文化能够吸纳一切反映社会发展的先进文化，以不断提高自己的文化品位；就其排斥性而言，校园制度文化表现为对不良思想行为进行抑制，并促使其向好的方向转变。

校园制度文化范畴内的民主化指的是高校制定规章制度时必须考虑广大师生的基本利益。根据民主化原则，校园制度文化建设要注重人民群众参与管理的理念，平衡教育人和塑造人的目标，同时尊重和理解每一个人的需求，以激发大家的动力，共同完成任务。制定和实施规章制度是一个源于群众又服务于群众的、不断完善的过程。因此，高校校园制度文化的建设，不仅要是非分明，指导思想明确，突出管理的导向性，还要注意培养广大师生、员工的制度意识，尽可能通过和利用如教代会、学代会、联席会等形式，广泛征求师生、员工的意见，反复协商讨论，使制度建设融入师生、员工的思想中，使校园制度文化作为一个组成部分融入师生员工的心理结构之中。

（四）操作性与个性化相反证原则

操作性是指校园制度文化的建设要立足于实际，一切从实际出发，要有可行性——行得通，做得到；而个性化，实际上是操作性的具体体现，就是校园制度文化的建设要符合当时、当地和当事人的需要，在共性的基础上反映特定校园主体的个性化要求。

操作性与个性化相反证原则要求高校校园制度文化建设做到以下几点：一是校园制度文化的建设要充分体现教育管理规律、符合制度文化的本质属性，符合科学性；二是制度要涵盖校园主体学习、工作和生活的各个方面，有关方面的条文和规定要形成一个整体，相互衔接、相互配合，实现系列化；三是要紧密联系实际，要符合校情，符合当地、当时、当事人的实际，既不能过低要求，也不能过高要求；四是制度条文要力求简明扼要，便于掌握、便于贯彻、便于检查。即使是上级部门统一颁发的规章，在注意维护政策法规的严肃性的同时，高校也要注意进行"内化"，即在贯彻执行中不能满足于只当"传令兵"，而要根据本校实际制定实施细则，在执行时保持一定的弹性或灵活性。

当然，高校校园制度文化的建设受到许多复杂因素的影响。即使"创设"出来，校园制度文化也不是万能的。高校的各种规章制度并不是必然和自动发挥教育作用、产生"管理育人"的影响力的。在现实生活中，有的高校虽然有不少规章制度，但大多落实效果有待加强。可见，只有当所确定的规范为大多数师生员工所实践，并成为群体行为方式时，规章制度才能构成制度文化，从而具有现实的环境意义。

三、高校校园制度文化建设的策略

（一）推动高校治理体系和治理能力现代化

制度文明是社会文明的体现，高校要以落实《中共中央关于坚持和完善中国特色社会主义制度　推进国家治理体系和治理能力现代化若干重大问题的决定》为要求，发挥国家制度和国家治理体系多方面的显著优势，构建系统完备、科学规范、运行有效的制度体系，加强系统治理、依法治理、综合治理、源头治理，把制度优势更好地转化为治理效能，以高校章程为统领建设现代高校制度，做到制度管人、程序管事，构建服务学生终身学习的教育体系。

（二）社团活动普及化，增强文化仪式感

学生社团要主动作为，改变机关化、行政化、贵族化、娱乐化的特点，破除轰轰烈烈、流于形式的实施思想，在服务发展、服务群众上有更大突破，让高校文化焕发生机活力。高校文化典礼要庄重隆重，有始有终，既要重视开学典礼，

也要重视毕业典礼；既要让校长致辞，也要多安排院长、教师和学生代表讲话；既要重视部分学生的入团、入党仪式，也要支持学生参加各种社团活动。

（三）办公益校庆，做好校友会工作

校庆时，不同年级、不同专业的校友从四面八方返回母校，大家欢聚一堂，祝福母校。

中国人民大学 75 周年校庆时，为突出"回归大学本位，引领明天的聚会"的校庆主题，按照以校友为中心、以学生为中心、以学术为中心的核心理念，不办传统校庆，按照毕业年级排座位，开展一系列校友、学术及学生活动，动员全校师生与校友广泛参与，成功开展了多届别、全覆盖、无遗漏的"一对一"志愿者服务工作，增进了海内外校友与母校之间的联络交流，社会反响良好。

（四）文体活动（竞赛）全员化

我国较早举办运动会的高校是上海圣约翰书院，其于 1890 年前后举办了以田径项目为主的运动会，后来，高校运动会逐渐发展到大城市的高校中。新中国成立后，运动会在城市和乡村普遍开展，并日益成为高校的传统活动和高校教育活动中的一项重要内容。运动会首先是普及性的体育盛会，推动了高校群众性体育活动的发展，其次是实现了以赛促教、促学的教学目标。运动会与高校育人目标融合，与日常体育课程教学结合，检验了学生身体素质状况，检查了教学和训练成果，具有振奋师生精神、活跃学生生活气氛等作用。

艺术活动、技能竞赛甚至学科竞赛活动也要发动学生广泛参与，只有让学生参与其中，共建、共治、共享，这些活动才能成为高校校园文化的重要组成部分，达成培养新型人才的育人目标。

第四节　高校校园行为文化建设

一、高校校园行为文化的特征

（一）时代性

随着社会和时代的不断进步，人们对审美、生活方式和思维模式等方面的看法发生了巨大变化，这种变化也充分体现在校园行为文化建设中。高校校园行为

文化建设应当与时俱进，保持与当代社会发展的一致性，并且作为社会文化的一分子，负担起唱响社会主旋律的责任。就高校校园行为文化建设的形式而言，高校必须持续不断地革新，从单一乏味到丰富多彩，采纳时代潮流理念与和谐思维，以期不断完善自我。

（二）开放性

高校校园行为文化也具有开放性。这种开放性特征不仅仅表现在学生自由开放的思想态度上，同时也表现在高校管理层的开放性思维和创新意识上。

高校管理层越来越注重学生的个性发展和能力提升，强调鼓励学生大胆创新，追求自己的梦想和理想。高校管理层应积极与社会各方面接轨，不断开展文化交流活动，这不仅能够拓宽学生的视野，同时也能够使他们更好地融入社会中。

在这种开放性的校园文化氛围下，学生逐渐养成敢于挑战和创新的精神，越来越多的学生投身创业和研究领域，充分发挥自己的才能与潜力。

同时，在校园文化交流方面，高校还积极开展学术讲座、文艺演出、体育比赛、志愿者活动等，不断拓展学生的校园生活领域，让学生在不同的领域能够有充分的交流，进而增强自身能力和文化素质。

总之，高校校园行为文化的开放性特征，一方面是学生个性化和自由化的表现，另一方面也是管理层开放性思维和创新意识的落实。高校校园行为文化的开放性可以促进学生进步，同时有助于加强不同文化之间的互动和交流，使其通过有效的沟通和交流获取新的思想观念。

（三）地域性

就高校而言，办学目标之一是为地方经济服务，其行为文化往往要依靠某一区域的行业特色，并具有明显的区域性。高校应建立与地方经济文化相适应的、具有地域性特色的高校校园行为文化。

二、高校校园行为文化建设的原则

（一）传承发展传统文化原则

文化的要义就在于继承和发展。中国现代意义的高校制度虽然是从西方学来的，但这并不等于中国高校文化和高校精神都是从西方学来的。当代中国高校文化既是在对中国传统文化继承的基础上形成的，又包含着对西方现代高校文化的学习成果，但中华传统文化无疑应该是中国高校校园文化的根。

作为社会的文化机构，传承民族优秀文化是高校的"天职"，当然，这并不影响我国高校同时向世界先进文化进行学习和借鉴。正因为有对优秀传统文化的传承和对先进文化的借鉴，我国高校校园文化才有了不竭的生命力，才能推动社会文化的发展。所以，高校校园行为文化建设要坚持传承发展传统文化的原则。

我国现代高校制度虽然借鉴于西方，但在中国的环境里，中国的高校文化一定遗传了中国的传统文化，现代中国高校校园行为文化仍然可以从中国传统文化中汲取营养。在行为文化方面，中国自古是礼仪之邦，中国传统文化非常重视仪式行为的教化作用，无论是重大节日还是日常生活，都要举行很多仪式。举行仪式时，环境氛围通常庄重、严肃，人们或缅怀，或祈福，以获得精神上的震撼或心灵上的洗涤。这种仪式行为在中国高校得到了很好的继承和发扬，如升旗仪式、开学典礼、毕业典礼等，已经成为校园文化的重要内容，是校园文化在行为、活动层面对中国传统文化的继承和发展。

传承发展还有一个要义是创新。从人类文明历史来看，行为文化是不断继承、不断发展、不断创新的，如见面打招呼的行为，跪、拜、稽首、作揖都曾经是古人打招呼的行为文化。有人认为，"五四"时期随西方文化的东渐，中国人才逐渐地借鉴了握手打招呼的行为，如今这一全世界流行的打招呼方式在中国已经十分普及。在这个过程中，可以设想当时的"海归"学者和广大学子一定起到了积极的推动作用，因为他们是现代文明最早的倡导者和实践者，也是新时代礼仪行为体制的传承者和创造者。

（二）相互促进原则

高校校园文化是一个系统。由于校园文化体系各要素之间存在辩证关系，因此高校校园行为文化建设需要坚持各要素相互促进的原则。荀子说："蓬生麻中，不扶而直。"[①] 这道出了环境与人的关系。在校园文化建设中，这句话也可以用来阐释物质文化建设与行为文化建设的辩证关系。环境对人的行为具有制约作用。高校通过物质文化建设，营造了良好的校园环境，不仅可以使人的心灵得到陶冶，还可以使人的行为发生改变。研究表明，整洁干净的环境可以约束人的行为，会改变人们随地吐痰、乱扔垃圾的行为习惯。校园行为文化的建设也可以促进校园精神文化的建设，因为良好的行为来自美好的心灵。校园行为文化的建设和提升，会对校园精神文化建设提出新的要求，推动精神文化建设向前发展。同理，制度文化为其他文化建设提供了制度保障，而行为文化的建设同样可以促进制度文化

---

① 徐宝娣.荀子《劝学篇》教育思想的当代启示［J］.语文教学与研究，2022（8）：142-143.

建设。例如，在行为文化建设的初期阶段，作为保障的制度文化要与之相适应，既要有规范，有要求，又不能脱离实际。在公共场合的学生的文明行为还没有形成一种自觉时，高校强制做出一些规定，不仅实现不了，也不具有可操作性，最后会使制度成为一纸空文。随着学生文明行为的提升，行为制度的建设也要随之发展，跟上行为文化建设的需要，这也符合人类文明进步的规律。

（三）他律与自律相结合原则

高校校园行为文化建设既要注重他律，更要注重自律，坚持自律与他律相结合原则。他律包括制度建设及服从，社会规范与监督，行为激励与惩处；自律则强调对制度、规范的自觉遵守，对习俗的乐意接受。

他律要求高校在社会法律制度的大框架下，建立起自己的行为文化制度和规范，以及这些制度规范的运行机制。这使得校园人的行为有规可依，违规可究，偏规可矫。高校校园行为文化的制度规范首先不能与社会的法律制度冲突。在此大原则下，高校校园行为文化的制度规范还应有自己的特色。一些行业和企业在这方面有值得高校学习借鉴的地方。在服务业，员工在工作中有严格的礼仪要求；在制造业，有的企业在招聘员工时有不得吸烟的规定，有的甚至对员工在厂区、车间行走都有明确的规范。在高校校园行为文化建设中，高校可以按照自身的特点，制定有利于开展正常教学、科研、学习、生活的行为规范。对不文明的行为和偏差行为，除了道义和舆论上的批评，还需要有制度上的约束和惩处。

高校有一定的理性和批判精神，这使得校园文化具有文化自觉的特征。这种文化自觉表现在校园行为文化上就是行为的自律性。"慎独"是中国传统文化中个人修身所追求的最高境界，提出和践行"慎独"的主要群体就是古代的士人阶层，即知识分子群体。高校是知识分子最集中的地方，校园文化是对民族传统文化的弘扬与继承，因此，在校园行为文化建设上高校应倡导"慎独"，严于律己，用道德的内在力量谨慎地约束自己的行为，自觉防范有违社会规范行为的发生。在高校校园行为文化建设中，高校要倡导自我完善，用道德的力量来牵引行为自律。要用先进的校园精神文化引领校园人追求卓越，崇尚光荣，敬畏法律，构建文明、和谐、优雅的校园行为文化。

（四）注重实践原则

行为文化是一种实践文化，高校校园行为文化的建设主要通过实践来实现，所以行为文化建设重在实践。说行为文化是实践文化，并非说精神文化和制度文化无需实践，而是说它们的实践是一种间接实践，是要借助行为文化和物质文化的建设才能落到实处，否则就只能停留在意识层面、口头层面、纸质层面。所以，不管从高校校园精神文化建设和校园制度文化建设来看，还是就校园行为文化建设本身而言，都需要坚持注重实践原则。

首先，校园文化本身就是高校在办学实践过程中逐步形成的，高校校园行为文化的形成也是如此。一所高校的文化不是凭空而来的，而是校园人在教书育人、科学研究、学习成长的过程中逐步积淀和塑造的。其次，校园文化的各个形态都有赖于实践的检验，行为文化亦不例外。从实质上说，高校校园行为文化建设的过程就是实践的过程。例如，高校校园精神文化所提炼的理念、总结的规律、指引的方向等是否正确，都需要通过制度文化、行为文化和环境文化的具体实践来检验，而不能从意识层面、精神层面来加以验证。行为本身就是人类的实践活动，高校校园行为文化是检验校园精神文化、制度文化正确与否的活动。高校可通过实践来发现校园文化的问题，不断修正、完善校园文化，使校园人的行为更加符合精神文化、制度文化和环境文化的要求。

（五）突出特色原则

文化具有共享性。文化是指社会成员共有的东西。但高校校园行为文化的建设，还是要有自己的特色。就一个群体而言，文化是群体共有的；就世界而言，文化应该是多元的，不同国家、不同民族、不同社会群体都有自己的特色文化。文化是区别人类族群的一个重要指标，而特色是群体内的共性、群体间的差异性。高校校园文化的特色可以说是高校生命力之所在。

三、高校校园行为文化建设的策略

高校校园行为文化是指高校在创造环境文化和精神文化的实践过程中体现出来的文化行为。行为文化是高校所有文化的集中反映，是师生在学校学习、工作和生活的全部行为所表现出的精神状态、行为风范和文化品位，是高校精神、价值观念和办学思想在每个人身上的动态反映。引领师生团队共同生成与重建高校行为文化，给高校带来新生机、新气象，需要做到以下几个方面。

（一）提升管理文化

从许多高校改革的实践经验可以看出，如何领导团队打造更加先进的领导风格，提升管理文化，引导高校成员勇敢应对内外环境变化带来的挑战，对于高校的发展至关重要。高校应该确立清晰的管理理念，制订详尽的发展规划，在实现目标的过程中划分和落实任务，并将高校的发展目标转化为各个部门可操作的任务，以克服管理目标、内容和过程的随意性和盲目性。以传承传统文化，培育现代公民为指导思想，高校要将管理模式由经验和制度管理转变为文化管理。这意味着高校要以人为本开展教学活动，关注个人成长和价值实现。高校管理必须遵循民主化制度，不仅要在决策和执行方面有所体现，在监督方面也要注重。高校应保持事务公开透明，并充分发挥工会和教代会在集体监督方面的作用。

（二）创新德育文化

德育文化是一种以高校为主导，由师生共同参与和建设，旨在提升学生各方面修养的文化体系。这种文化体系旨在与学生的特点相匹配。德育文化应该具备以下特征：一是具有时代性。高校德育文化是一种根深蒂固的校园历史传统，同时也随着时代的发展持续变化。作为高校文化中的重要组成部分，其内容必须与时俱进，紧跟时代潮流，反映当代社会精神。二是具有开放性。高校的德育文化应该体现本民族的优秀道德文化特征，同时还应该具有国际化的德育文化元素。要在保留中华民族德育文化特色的同时，融合全球先进的德育文化，以开放的态度将本民族的德育文化融入全球先进文明的发展潮流中。三是具有发展性。随着可持续发展的推进，德育文化的内涵和作用也应有所发展。德育文化需要扩展到人与自然、人与其他生物、人际和谐、社会和谐等方面，高校可通过德育文化的建构来提高学生的综合素质。

（三）优化教师行为建设

1. 以观念为先导

实践和理论研究表明，教育观念和教育行为之间存在必然联系，虽然教育观念并不一定导致教育行为，但在正常（非强制）情况下，教育行为的改变必定以教育观念为先导或基础。所以，在建设教师教育行为文化的过程中，转变观念，形成正确理念，是基础工程。

首先，教育观念和教育行为是相互关联并相互融合的，两者并不是孤立存在的。教师只有将其教育理念付诸实践，才能对学生的发展和教育产生实际的指导作用。否则，这些理念只是形式上的口号，缺乏实际的指导意义。教育行为应该建立在一定的理论基础上，以避免盲目行动，并能够积极地促进学生的发展，提高教育质量。从这个角度来看，教育观念和教育行为之间可以存在一致性的可能性和基础。高校需要对教师进行培训，使其不仅注重理论知识的传授，还要着重将知识应用于实际教育工作中，改善教育行为。同时，高校也不可忽视建构教师的观念和理论基础，这对于提高教师的专业水平至关重要。只有在实践中让教师自觉地融合观念和行为，并促进两者相互配合，才能真正提高教师素质。

其次，教育观念和教育行为之间相互关联、互相影响，而不是简单的单向因果关系。教育行为的基础是教育观念，教育观念可以指导和影响教育行为。教育行为既受到教育观念的影响，也有助于教师对教育观念的深入理解和内化。在教师培训中，高校应充分利用教育理念和教学行为相互作用的关系，鼓励教师通过不断的"感性—理性—感性"循环认识和实践过程，真正提高教育理念、教学方法和综合素质。

同样需要注意的是，教育理念和教育行为在多个方面存在差异，具体表现如下。其一，在教师素质提高的不同阶段，其教育观念水平和层次的不同会对教育行为产生不同程度的影响。其二，教育理念和教育行为转变的路径和机制存在差异。其三，影响教师教育观念和教育行为转变的因素具有不同的特点。其四，就难以掌握的程度而言，教育观念和教育行为存在差异。这说明教师的教育理念和教育行为可以相一致，将理念转化为行动具有必然性，而这也是提升教师素质的关键之一。然而，这种变化的过程及其要求非常复杂，因此高校需要对此有深刻的认识。

2. 以反思为途径

（1）教师反思的背景

在 20 世纪 80 年代，教师培训盛行的大多是技术原理模式，该模式过于简化与过度强调技术，认为向教师灌输一定的教学知识和策略，就足以帮助教师解决教学中的各种实际问题。然而，持有这种过于技术化和简单化的观点的高校并没有完全达到预期教育效果。于是，一些专家、教师指导者等逐渐认识到，教学是一项复杂的任务，它因具体情况而异，在其中还涉及很多的抉择和矛盾，而非过去人们所想的那样简单。因此，教师的专业培训应不仅仅局限于外部知识的传授，还需要反复解释和探讨教学经验，以加深教师对教学的理解，提高其教学水平。

（2）用反思模式实现教师教育行为的转变

反思模式提供了一种创新的思维方式，可用于改进教师的教学方法，实现其教学行为的改变。因此，以此为基础的教师培训模式与传统的教师培训模式截然不同。通常情况下，培训会邀请外部专家来担任培训师，他们在整个培训中扮演核心角色，是指导者，主要目的是将知识（概念、程序、模式等）传授给教师，教师则是通过倾听、学习来掌握这些知识。不同于一般的培训模式，反思模式鼓励教师以成对或成组的形式进行讨论和角色扮演。指导者不仅给教师提供信息，更多的是与教师一起讨论并促进教师反思。具体而言，传统模式与反思模式这两种培训模式在以下四点上形成鲜明对照。

①培训目的。传统模式也希望能改变教师的教学行为，但它的重点放在了如何让学生取得知识上；而反思模式在于直接关注教学行为的改进，反思模式也会探讨一些理论观点，但其目的是改进教学活动。

②基本假设。传统模式认为，教师掌握了新知识，便会自然地将其应用到教学中，这将会自然地导致教学行为的改变。外在信息是促使行为改变的动因，而理智则是行为的根基。相比之下，反思模式的基本前提更为复杂，它强调，改进教师教学行为的关键不在于其接受新思想，而在于其深入了解自己的教学实践，发现其中的不足并认识到以往未曾察觉的教学习惯及其不良后果，同时认识到所依据的基本假设。因此，反思模式并不是通过传递大量信息来实现的，而是通过仔细观察个人教育行为来完成的。此外，反思模式主张，行为的转变不仅仅受到理智因素的影响，情感因素也会发挥作用。在教学过程中，教师所经历的各种情感体验会影响他们对自我、活动及活动结果的看法。此外，教学行为的改变还会受到更广泛的文化背景的影响，因此培训模式不仅需要关注教师个体，还要考虑组织文化环境的改变。

③培训内容。传统培训主要注重传授知识，即被广泛接受并符合科学标准的理论和事实，以提升教师的知识水平。而在反思模式下，传统的培训课程不再那么关键，其主要目的是帮助教师认识到自己的教学行为，使他们了解自己在实践中所采用与倡导的理论之间的差异，并引导他们采取适当的改进措施。在反思过程中获得的知识主要来自个人的经验，即个体所掌握的知识。问题性知识是通过批判性和创造性地解决问题而产生的知识，强调的是知识的构建方式，注重思维、推理和验证过程。在传统模式下，通常会将理论排在第一位，实践则被视为其次，而且理论与实践之间的关系也不太明确，两者几乎是分割开来、彼此独立的。高校领导者和指导者决定教师需要掌握哪些知识，却没有考虑到教师个人的实际操作情况。在反思模式下，理论与实践的关系得到明确定义。为了提升教师教学质量，培训以检查分析教师的教学行为为起点，探究教师在课堂教学中的具体操作方式。在掌握新知识后，教师可以通过采用不同的教学方法和策略来提高教学效果。教师在培训中需要考虑这些问题，以便将理论和实践有机地结合在一起。

④培训过程。在传统模式下，教学的主要方式是说教，虽然具体方法可能有所不同，如讲解、讨论、个例分析等，但其主要目的在于传授知识和发展认知技能。而反思模式更加重视对经验，尤其是有问题的经验进行批判性分析。在传统

模式中，指导者占据主导地位，而教师则相对被动、较为次要。在反思模式下，教师成为主体参与培训，他们与指导者共同决定培训的性质、方式和结果。在这个过程中，教师是自我教育的研究者，他们积极地参与其中。指导者已经不再是权威，而是促进者，帮助教师之间进行合作和交流。传统培训只重视知识本身，且对认知的范畴做出了限制，仅仅是获得和维持信息。在反思模式下，教师学习是从一个整体性角度进行的，培训过程中包含了与教学行为相关的几乎所有因素，并将每个个体视为一个包含认知、情感和社会因素的完整人。认知的重要性不仅在于获取、保持和记忆信息，还在于掌握各种分析和概括技能，这样才能让教师在教学实践中获得必要的知识。归纳而言，学习是一种以协作为基石的社会性过程，在反思模式中，这种协作涵盖了指导者和教师之间的相互作用，以及教师之间的相互作用。

第七章　高校学生管理工作与校园文化建设的互动

高校校园文化建设须在科学认识其建设内涵和功能的基础上，创新学生管理工作理念，通过开展富有特色的校园文化品牌活动、注重学生对校园文化活动的有效参与、创建先进的精神文明软环境等举措，寻求学生管理工作与校园文化建设的最佳结合点和交叉点。本章围绕以高校学生管理工作推动校园文化建设和以校园文化建设加强高校学生管理工作等内容展开研究。

第一节　以高校学生管理工作推动校园文化建设

一、弱化学分制和集中式管理

在高校学生管理工作中，高校应当积极激发学生的主观能动性，同时充分发挥教育工作者的引导和协助作用。只有确立完善的管理机制，才能充分发挥学生组织的教育培养作用，从而有效地推进组织内的各项工作，确保其高效率运转。在这样的管理背景下，高校可通过建立系统化的制度来促进校园文化建设，以此引起学生的关注。同时，校园文化是由全校师生日常生活中所坚持的价值标准、行为观念及内心深处的基本信念组成的。在新的高校学生管理工作中，学分制和集中式管理的内容得到压缩，这导致班级集体意识逐渐减弱，但学生组织受到了学生的认可和喜爱，它们的作用日益突出，甚至有可能替代班级组织的功能。在未来，班级组织可能会逐渐退出校园文化建设的舞台，而学生组织将在校园文化建设中扮演重要角色。

二、在日常管理工作中融入校园文化内容

在高校学生管理工作中，日常管理活动开展状况是否良好也会直接影响学生管理状况和总体进程。为了更好地推动校园文化建设，管理者需要将校园文化内容融入日常学生管理工作中，以发挥高校学生管理工作对此的促进作用。管理者可以利用校园文化中的"求知探索"元素，引导学生在学习学科知识的同时养成刻苦钻研的习惯。管理者通过强调"求知探索"的价值，鼓励学生更好地学习科学文化知识。此外，为了改善学生的学习行为和心理状态，管理者需要加强校园文化与日常管理工作之间的联系。随着时间的推移，高校学生管理工作逐渐演化成了推广和发展校园文化的过程，这对于进一步促进校园文化建设具有显著意义。

三、强化高校学生的社会主义核心价值观

通过创新高校学生管理工作，可以在一定程度上加强高校学生的社会主义核心价值观，管理者在对学生进行管理时，应注重帮助他们建立网络文化的认知结构，并积极促进社会实践和教育的有机结合。随着互联网的普及，文化交流更为便捷，但同时也引发了一系列负面影响。年轻人对网络的接受能力较强，但面对不良观点时，难免出现错误判断。因此，对于学生的社会主义核心价值观教育，高校学生管理工作需要有更为创新的方法。校园文化的形成与高校学生管理工作息息相关，管理者可通过社会主义核心价值观教育激发学生的责任感和使命感。为了在校园内建立良好的网络文化环境，管理者需要从网络社交实践和网络教学实践两个方面入手。通过优化校园网络环境，高校可以让学生管理工作的成果与社会主义核心价值观相融合，培养具备敬业、诚信和公平意识的优秀人才，使其为社会发展做出贡献。

第二节　以校园文化建设加强高校学生管理工作

一、以优质的校园环境服务学生

（一）优质的校园环境对学生审美观的影响

美观高雅的校园环境能够提升学生的审美水平，让学生内心得到净化。学生可以在优质的校园环境中漫步，欣赏湖畔的垂柳和色彩缤纷的花朵，还能攀登小

山，品味花香，欣赏独特的建筑和伟人塑像。优质校园环境有助于学生在轻松的心境中领悟人生哲理。高质量的校园环境可以激发学生的审美感知力，是一种有力的审美教材，对提升学生的审美素养有很大的帮助。

建筑必须具备满足人们使用需求的功能，同时也必须具备符合人们审美需求的外观特色。这两个方面是建筑本质上的外在特点。此外，建筑还需具备内在丰富性，能够满足人们内心的需求。这意味着建筑应当蕴含艺术特色、文化及极为丰富的知识。高校的建筑需要具备符号意义，也就是要用建筑来表达特定的寓意和价值，从而引发学生的思考和想象，成为实现高校办学目标和激发学生追求卓越的内在动力。建筑可以被视为高校的"视觉窗口"，传达出一定的校园氛围和价值观。透过这个"视觉窗口"，学生可以见证校园的发展过程。建筑既是一种实用的物质产品，同时也是一种艺术形式，代表了特定的理念和文化精神。因此，高校的建筑呈现的整体美感，也能够潜移默化地影响学生。

不容置疑的是，物质环境为高校教育提供了坚实的基础，就如同高校为学生的品德教育提供物质保障一般，无形中细致入微地影响了环境中的每一个人。在一个较为宜人的校园氛围下，学生会感到愉悦轻松，精神状态良好，这种环境会自然地激发学生的学习欲望。这种方式的教育效果远胜于传统的授课方式，并且这种效果并非人为创造，而是由无意识的灵感激发所带来的，更有助于激发学生的学习动力，达成的教育效果也更显著。

（二）人性化的制度环境对学生起规范和约束作用

高校制度环境是维持正常课程秩序、保障校园文化建设的重要机制。同时，制度环境是高校文化环境不可或缺的组成部分，如何营造一个协同一致、相辅相成、有组织的高校制度环境，是高校需要考虑的问题。人的多样性表明了每个人都是独特的，他们具备独特的个性和需求，同时也有自主决策的能力。若未得到人们的认同，任何管理制度所施行的管理都会变得被动、机械化，导致管理效果低下。

高校树立的人本主义发展理念，应着重关注个体，尊重个体并促进个体发展，这代表了我国体制方面的一次重要转型。在高校制度文化建设中，人才是核心，而育人则是最基本的目标。为此，高校应该以重视人才的观点重新构建校园制度环境，注重人本主义，尊重个人权利、满足其需求、促进其发展，让制度文化服务于人，使人成为制度的主人而不是被制度束缚的奴隶。高校需要通过合理的规章制度来规范学生行为，但不能局限于简单的强制管理。高校应该调动学生的积极性，让他们从内心深处接受这种外在的文化，使之成为内在的品质，从而重塑尊严，彰显生命的价值。制度是僵化的，而人是有活力的。因此，在设计高校制度时，需要平衡原则性和灵活性，并注重与他人友善相处的原则。任何规定都应该考虑实际情况，不能生硬地约束人，应该在法律框架内给予灵活性和善意解释，避免过于严苛和刻板。在制定制度的过程中，高校应该关注学生和教师的发展，激发他们的积极性，而不应该限制他们的发展，从而体现以人为本的制度理念。

二、以积极的校园精神感染学生

（一）培育校园精神的指导思想

1. 习近平新时代中国特色社会主义思想

习近平新时代中国特色社会主义思想是全党全国人民为实现中华民族伟大复兴而奋斗的行动指南。我党在探讨这个重要时代话题时，坚持解放思想、实事求是、与时俱进、求真务实的原则，同时贯彻辩证唯物主义和历史唯物主义，密切结合新时代的环境和实践要求，在全新的视角下进一步深化了对共产党执政规律、社会主义建设规律及人类社会发展规律的认识。在经过艰辛的理论探索后，我党取得了重大的理论创新成果，并形成了习近平新时代中国特色社会主义思想。[①]

2. 现代化、国际化、未来化的思想

高校应该注重培养现代化、国际化和未来化的校园文化，以反映时代精神并适应社会主义现代化的需要。对于现代高校校园精神的培养，文化观念的现代化是关键所在。只有实现了这一点，才能确保校园精神面向未来和引领未来的能力。同时，这也决定了校园精神培育过程中的各个环节的质量和效果。各种文化观念的不同，会导致各种不同的道德思维方式和教育技巧产生，最终影响教育效果。说到现代化，其实就是人类自身的现代化，是人类精神的解放和自由。因此，推进校园精神现代化的关键在于确立以人为本的理念，在传承优秀文化的同时，还应不断吸纳其他国家卓越文明的成就来不断丰富校园文明，使其既具有特色，又朝向未来。在推进现代化校园精神培育方面，高校需要将传承和发扬文化遗产与现代科技教育相结合，将基础理论知识的教育和最新科技发展的前沿知识相结合，将弘扬中华优秀文化与全球优秀文化的创新相结合，来达到不拘一格、融贯交错的校园文化的融合与升华的目标。高校在实践中推进校园精神培育的现代化，需

---

① 邱乘光. 习近平新时代中国特色社会主义思想的新概括［J］. 思想理论教育，2022（1）：25-31.

要探索现代化的决策方式、管理方式和工作手段，以适应时代发展的需要。

国际化、未来化也是校园精神培育的趋势。随着信息技术的飞速发展，交通和通信技术也高度发达，世界变得更加紧密了。如今，世界各国和各民族之间的距离缩短了，文化交流和融合成为重要的时代特征。改革开放以来，高校在校园精神培育方面融合了一些国外先进的教育理念，这些理念对于促进高校校园精神培育产生了积极的作用。

（二）校训是校园精神的集中体现

1. 校训的含义

校训是高校制定的用以引导学生进行行为习惯训练和品格培养的规定，它体现了高校的教育理念、目标和管理方式，是高校对学生思想和行为的具体规范要求。从校训内涵视角窥探，可得知校园精神与校训有相似之处，也有本质上的联结。一旦师生共同接受校训，它就会在校园文化实践中自然而然地得到发扬，逐渐演化、提升为代表高校价值追求的校园精神，并成为校园文化的最高层次，成为主旋律，奏响校园文化的乐章。

2. 校训的作用

高校制定校训的目的是树立优良的校风，规范全体师生的行为。校训是高校的办学理念和历史文化的体现，也是高校精神风貌和文化追求的体现。校训对师生的行为规范具有指导作用，可以让所有师生知道在努力的过程中应该朝着哪个方向前进。高校通常会把校训放在引人注目的地方，以便师生频繁地接触到它，从而潜移默化地被感染。渐渐地，校训就会被转化为个人的内在价值标准，促使师生自觉地用它来衡量自己的行为；一旦发现自己的行为偏离了校训所倡导的价值观，就能及时调整和改正。

（1）导引作用

校训提炼于高校悠久的历史文化之中，其正面反映了高校历史沿革、当前和未来的教育目标。同时，校训具有强大的感染力和影响力，经过时间的淬炼，校训文化将成为高校师生的精神信条，引导着他们的言行举止，激发着他们的文化情感，助力他们充分发挥个人潜力，以逐步完成自我价值的实现。

（2）激励作用

校训本身蕴含着巨大的激励和启迪作用。校训的真正目的在于激励校内人员采取切实可行的行动，不管是将其视为一种自然而然的标准来评价自己，还是将其作为行为的指引。以北京大学校训的形成为例，在 1998 年百年校庆之际，这所高校确定了"爱国、进步、民主、科学"的校训，同时将"勤奋、严谨、求实、创新"确定为北京大学的核心精神。1914 年，梁启超受邀在清华大学发表了题为《君子》的讲话，他强调"天行健，君子以自强不息""地势坤，君子以厚德载物"，这些话鼓舞了在场的清华学生。"自强不息"是期望清华学子具备不断进取、勇于挑战、追求卓越的品质；"厚德载物"要求清华学子具备团结协作、自律严谨、无私奉献的品格和心态。清华的校训短小精悍，传递了深刻的意义，激发和感染了无数清华学子，成了高校的象征。

（三）校风是校园精神的具体化

1. 校风的含义

一所高校的校风指的是高校所具有的一套思想和行为的准则，这是由师生员工共同建立和遵守的。校风包含了两个层面的意义。

第一层意思是指一般的良好习惯和社会风尚。仅有个别人、个别事、个别现象是不足以构成"风气"的，只有当这种行为心理状态变得普遍、重复出现且相对稳定，对整所高校产生重要影响时，才可以称之为"风气"。例如，友好合作的氛围、朴实节俭的风气、勤劳好学的气氛、积极向上的倾向等。这些被视为一般意义的校风，已被大多数人所接受。

第二层意思是指高校独特的文化氛围。换句话说，指的是在高校中出现的各种作风中，最为独特、显眼且富有代表性的几种。这种特点源于高校的长期办学经验，贯穿于高校的各个工作领域，并对整个师生员工的行为和思维方式产生影响，成为该高校的独特标志。综合来看，校风是高校集体所持有的独特行为习惯，一种群体的心理状态，同时也反映出高校文化建设、教育素质等方面的综合情况。此外，校风也是高校素质教育成果的一种具体体现。

校风和校园精神之间存在着本质上的联系。一方面，校园精神所营造的氛围会影响个体的言行举止，使其渐渐地被校园精神影响。这种文化传承逐渐形成了一所高校的传统和校园氛围，也就是人们所说的校风。另一方面，尽管校风是校园精神文化的一部分，但它并不等同于校园精神本身，而是校园精神具体、感性的体现。换句话说，只有在校风的塑造下，校园精神才会得以体现和提升。

参考文献

［1］张岱年，程宜山. 中国文化与文化论争［M］. 北京：中国人民大学出版社，1990.

［2］张静. 新时期高校校园文化建设的新探索［M］. 天津：南开大学出版社，2010.

［3］王燕芳. 多元视阈下的高校学生事务管理［M］. 广州：中山大学出版社，2013.

［4］童文胜. 高校学生事务管理工作研究与思考［M］. 武汉：华中科技大学出版社，2017.

［5］余海波. 高校校园文化建设和少数民族学生培养［M］. 北京：民族出版社，2018.

［6］李玲. 高校学生管理工作创新研究［M］. 长春：吉林人民出版社，2019.

［7］黎海楠，余封亮. 高校学生管理与和谐校园［M］. 长春：吉林出版集团股份有限公司，2020.

［8］张文俊，张茜，高汝男. 高校校园文化与就业创业管理［M］. 长春：吉林出版集团股份有限公司，2020.

［9］杨潇. 高校学生管理工作与法治化研究［M］. 北京：北京工业大学出版社，2021.

［10］吴春笃，陈红. 新时代高校服务育人理论与实践［M］. 镇江：江苏大学出版社，2021.

［11］吴奕，金丽馥. 新时代高校文化育人理论与实践［M］. 镇江：江苏大学出版社，2021.

［12］刘青春. 信息时代高校学生管理模式的转变及创新［M］. 沈阳：辽宁大学出版社，2021.

［13］刘燧．新时代地方高校学生管理与辅导员工作创新研究［M］．长春：吉林大学出版社，2021．

［14］高健磊．新时期高校管理与发展路径探索［M］．北京：中国政法大学出版社，2021．

［15］赵威．基于应用型人才培养的高校学生管理创新模式研究［M］．长春：吉林出版集团股份有限公司，2021．

［16］沈佳，许晓静．基于多视角下的高校学生管理工作探究［M］．北京：现代出版社，2021．

［17］尹冬梅．新时代高校学生社团建设与管理案例集［M］．上海：复旦大学出版社，2022．

［18］李维．高校学报与校园文化漫议［J］．齐齐哈尔师范学院学报（哲学社会科学版），1997（6）：122-123．

［19］黄艳兰．崇高与壮美：中西两种审美范畴的异同［J］．新余高专学报，2006（2）：61-63．

［20］张屹立，徐建军．把握高校学生管理度 构建高校和谐校园［J］．中国成人教育，2009（4）：34-35．

［21］叶永成．略论中国现代化进程中文化转型的影响因素［J］．山西高等学校社会科学学报，2009，21（8）：28-30．

［22］李婷，李继武．马克思关于人本质是"一切社会关系的总和"的真谛［J］．东岳论丛，2013，34（7）：44-49．

［23］张丽钧．南开的"容止格言"［J］．伴侣，2016（10）：57．

［24］徐成林．学校行为文化建设的实践与思考［J］．甘肃教育，2014（23）：23．

［25］彭拥军，陈春萍．期待与羁绊：教育社会学视野中的高等教育变革［J］．江苏高教，2014（3）：20-23．

［26］刘恬甜，刘泽．新公共管理理论视野下高职院校学生管理探索［J］．中国培训，2016（24）：69．

［27］钱晶．浅谈在信息化教学中对"教学有法，教无定法，贵在得法"的理解［J］．计算机产品与流通，2020（8）：98．

［28］梁实秋．记梁任公先生的一次演讲［J］．中学生阅读（初中版），2020（21）：34-35．

［29］石妍，孙宏波，常馨予．中国共产党推动国家从封建专制走向人民民主［J］．共产党员，2021（13）：34-43．

［30］叶恬如. 高校创新创业通识课程优化设计研究：以广西民族大学为例［J］. 教育观察，2021，10（45）：81-84.

［31］王黛鑫. 高校校园文化建设中思政元素的融入探讨［J］. 公关世界，2022（10）：102-103.

［32］杨晓娟. 高校思想政治教育与校园文化建设互动机制分析［J］. 知识窗（教师版），2022（6）：120-122.

［33］朱青青. 马克思人的全面发展理论及时代意蕴［J］. 学理论，2022（9）：25-28.

［34］张之琼. 校园文化建设对提高学生思政素养的重要作用［J］. 边疆经济与文化，2022（10）：104-106.